ELIZABETH GEORGE

Meditações da mulher segundo o coração de Deus

A Woman After God's Own Heart – A Devotional
© 2007/2015 by Elizabeth George
Published by Harvest House Publishers (Eugene, Oregon 97402)

2ª edição: junho de 2024
1ª reimpressão: agosto de 2024

Tradução: Karina L. de Oliveira
Revisão: Josemar de Souza Pinto e Raquel Soares Fleischner
Diagramação: Sonia Peticov
Capa: Julio Carvalho
Editor: Aldo Menezes
Coordenador de produção: Mauro Terrengui
Impressão e acabamento: Imprensa da Fé

As opiniões, as interpretações e os conceitos emitidos nesta obra são de responsabilidade de quem a escreveu e não refletem necessariamente o ponto de vista da Hagnos.

Todos os direitos desta edição reservados à
Editora Hagnos Ltda.
Rua Geraldo Flausino Gomes, 42, conj. 41
CEP 04575-060 — São Paulo, SP
Tel.: (11) 5990-3308

E-mail: hagnos@hagnos.com.br | Home page: www.hagnos.com.br

Editora associada à Associação Brasileira de Direitos Reprográficos (ABDR)

Dados Internacionais de Catalogação na Publicação (CIP)

George, Elizabeth
Meditações da mulher segundo o coração de Deus / Elizabeth George; traduzido por Karina L. Oliveira. 2ª ed. — São Paulo: Hagnos, 2024.

Título original: A Woman After God's Own Heart

ISBN 978-85-7742-527-3

1. Devoções diárias - Cristianismo
2. Escrituras cristãs
3. Literatura devocional
4. Mulheres cristãs - Vida religiosa - Cristianismo
5. Palavra de Deus
I. Título.

24-206048   CDD 248.843

Índices para catálogo sistemático:
1. Mulheres cristãs: Vida cristã: Cristianismo 248.843
Angélica Ilacqua CRB-8/7057

Uma palavra da Elizabeth

IMAGINE VIVER de tal forma que as pessoas pensem em você como uma mulher segundo o coração de Deus. Melhor ainda, imagine colocar Deus em primeiro lugar em seu coração a cada manhã e se lançar no caminho dele para seu dia, vivendo de forma intencional para ele. Quando você se compromete com Deus a cada dia, ele trabalha no seu coração!

Oro para que estes devocionais para mulheres ocupadas como você ajudem a inspirá-la a se aproximar mais de Deus e realizar os planos dele para você. Como isso é possível? Por meio de pequenos passos com grandes resultados — vivendo à maneira de Deus... um dia de cada vez. Praticando a ordem de prioridades de Deus para você... um dia de cada vez. Submetendo cada área da sua vida a Deus... um dia de cada vez.

Cubra-se com joias de sabedoria baseadas na Palavra de Deus a cada dia. Desfrute dos textos bíblicos e mensagens nestas meditações preparado somente para você, mulher que ama ao Senhor com todo o coração. Ganhe inspiração para crescer, disposição para mudar e coragem para dar passos arrojados ao lidar com seus problemas e enfrentar dificuldades. Acima de tudo, conheça melhor o caráter de Deus e seu grande amor por você.

Que sua jornada de crescimento na fé e na confiança em Deus seja repleta de alegria e satisfação!

ELIZABETH GEORGE

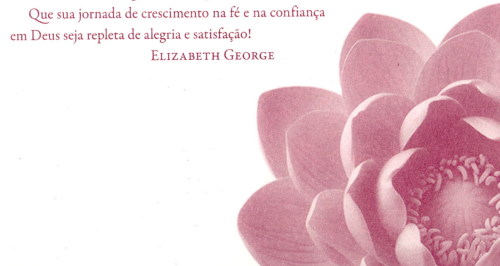

Eu me entrego a ti

Todas nós fazemos escolhas quanto ao que fazer com o nosso dia. Um dos meus versículos preferidos contém estas palavras: *A beleza é enganosa, e a formosura é vaidade, mas a mulher que teme o Senhor, essa será elogiada* (Provérbios 31:30). Não quero ser furtada de nem uma das riquezas de Deus por não dedicar tempo para permitir que ele domine a minha vida. A real questão? Eu quero ser uma mulher segundo o coração de Deus!

Assuma um compromisso diário com Deus. Pode ser tão simples quanto esta oração: "Senhor, hoje eu me entrego novamente a ti!" Seu anseio por Deus deve ser como uma panela fervendo — intenso e passional. Não há como ignorar esse tipo de fogo! Vibre de emoção por encontrar-se com Deus.

Senhor, eu confio minha vida a ti. Ajuda-me a ser uma testemunha do teu gracioso poder e amor. Amém.

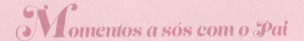

Momentos a sós com o Pai

Pare de reclamar

Quero dizer isto da forma mais agradável possível: "Está na hora de parar de reclamar". Em Filipenses 4:11-13, o apóstolo Paulo escreve: *Já aprendi a estar satisfeito em todas as circunstâncias em que me encontre. Sei passar necessidade e sei também ter muito; tenho experiência diante de qualquer circunstância e em todas as coisas, tanto na fartura como na fome; tendo muito ou enfrentando escassez. Posso todas as coisas naquele que me fortalece.*

Nem uma vez sequer vemos Paulo desistindo, tendo um chilique ou reclamando. Ele estava contente, apesar da sua dura condição. Por quê? Porque ele recorria ao seu Salvador para obter força. A Bíblia diz que devemos ser firmes, sempre abundantes na obra do Senhor. Quando você consegue fazer isso, está a caminho de se tornar a melhor pessoa possível — uma mulher que serve ao Senhor.

Senhor, ajuda-me a recorrer a ti para obter o meu propósito e a minha força. Guia-me cada dia para que eu possa fazer a tua vontade e servir-te com o melhor da minha capacidade. Amém.

Momentos a sós com o Pai

Cada vez menos tempo

Outro aniversário chegou... e se foi. Estou plenamente ciente de que existe cada vez menos tempo para me tornar o tipo de mulher que eu quero ser. Mas também me conforta saber que Deus conhece os desejos do meu coração. Na verdade, Salmos 37:4 diz que foi ele quem os colocou ali. Ele conhece o sonho — e a oração — que tenho quanto ao serviço a ele. Ele também conhece o seu coração. Tanto faz se você está empurrando um carrinho de bebê, de supermercado ou um andador para idosos, sua vida tem importância. Ela tem enorme importância conforme você enfrenta os desafios da vida com o coração cheio de devoção a Deus. Continue decidindo amar a Deus e segui-lo com o coração íntegro a cada dia.

Senhor, em ti estão a minha esperança, o meu desejo e a minha força. Eu te amo. Faz minha vida ter importância na vida de alguém hoje. Ajuda-me a estender a minha mão com teu amor. Amém.

Momentos a sós com o Pai

Ele endireitará tuas veredas

A passagem de Provérbios 3:6 diz: *Reconhece-o em todos os teus caminhos, e ele endireitará tuas veredas.* Mas como isso funciona na sua vida diária? O telefona toca e é uma má notícia ou uma decisão que precisa ser tomada. É aí que você para e ora: "Deus, o que queres que eu faça agora?" Ou então você está passando seu dia alegremente e alguém lhe diz algo que realmente magoa. Antes de dar uma resposta bem dada, sinta-se mentalmente na presença de Deus. Pergunte: "Está bem, Deus, o que queres que eu diga?" Quando você faz a sua parte, Deus toma o controle e faz a parte dele: ele endireita a sua vereda... e a sua boca! Isso não é sensacional?

Pai do céu, obrigada por vires ao meu encontro onde estou. Tu te importas com as coisas grandes da minha vida da mesma forma que te importas com as pequenas. Tu és maravilhoso! Amém.

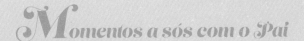

Aceitar a Cristo

MINHA ORAÇÃO é que você já tenha entregado seu coração ao Senhor; que você tenha entrado em um relacionamento eterno com Deus por meio do seu Filho Jesus Cristo. Minha querida irmã, se você está insegura quanto à sua posição diante de Deus, convide Jesus para ser o seu Salvador. Ao fazê-lo, você recebe Jesus na sua vida. Você se torna uma *nova criatura* (2Coríntios 5:17). Tudo o que você precisa fazer é reconhecer o seu pecado diante de Deus. Sua oração pode ser assim: "Deus, eu quero ser tua filha, uma verdadeira mulher segundo o teu coração. Reconheço o meu pecado e recebo o teu filho, Jesus Cristo, no meu coração carente, dando graças porque ele morreu na cruz pelos meus pecados".

Senhor, obrigada por ouvires minha oração. Obrigada por vires à terra para que eu possa ter comunhão contigo. Eu te amo. Amém.

Momentos a sós com o Pai

Raízes profundas

Quando minha sogra ficou gravemente doente, meu marido — seu único filho — estava fora do país e incomunicável. Conforme eu cuidava dela de hora em hora, preciso confessar que eu estava chegando ao fim das minhas reservas! Eu simplesmente não tinha mais tempo para os meus momentos a sós com Deus, como de costume. Pude apenas encontrar forças nos muitos versículos que eu tinha memorizado ao longo dos anos. Eu recebia energia dos salmos que já havia lido e do tempo que havia passado sozinha com Deus. Essas foram as raízes profundas na verdade de Deus. E como eu precisei de cada uma delas.

Se você pretende ser uma mulher segundo o coração de Deus, o suporte que você recebe de um conjunto saudável de raízes é vital para permanecer forte no Senhor. Encontre-se com Deus regularmente. Fale com ele por meio da oração e tenha comunhão com ele por meio da meditação. Leia a sua sabedoria encontrada na sua Palavra.

Pai celeste, obrigada por me amares e te importares comigo diariamente. Amo poder me achegar a ti em tempos de estresse e fraqueza e receber força de ti. Amém.

Momentos a sós com o Pai

Alguma coisa é melhor do que nada

SE ALGUÉM PEDISSE para você descrever sua hora silenciosa com Deus hoje, o que diria? Nós sabemos como organizar festas, casamentos e retiros. Pois seus momentos de hora silenciosa deveriam ser da mesma forma — especialmente considerando o valor. O que é ideal para você? Como tornar esses momentos em tempo de qualidade? O que lhe dá energia e refrigério? Mantenha em mente que alguma coisa é sempre melhor do que nada. Escolha um momento que se encaixe no seu estilo de vida — mesmo que seja no meio da noite... ou na pausa para o almoço... ou dentro do carro. Pegue sua agenda e marque um compromisso para cada dia.

Encontrar-se com Deus é uma parte vital para tornar-se tudo o que ele a criou para ser!

Pai, às vezes é difícil demais separar tempo para me encontrar contigo. A vida me absorve demais – família, amigos, trabalho, reuniões, tudo isso traz pressão sobre mim. O tempo parece curto demais. Por favor, ajuda-me a manter minhas prioridades em ordem para que eu possa me encontrar contigo todo dia. Obrigada. Amém.

Momentos a sós com o Pai

Sonhe grande

Humm... 1 ano... 12 meses... 365 dias. São 8.760 horas! Você tem tempo. Então sonhe grande. Sonhe ser uma mulher que serve e honra a Deus. Você faria isso?

Primeiro, descreva a mulher que você quer ser — eu quero dizer espiritualmente — em um ano. Em um ano, você pode investir em alguma área fraca da sua vida cristã e obter vitória. Você pode ler a Bíblia toda. Você pode ser discipulada por uma mulher mais velha... ou ser discipuladora de uma mulher mais nova na fé. Você pode concluir um treinamento em evangelismo ou completar um estudo bíblico de um ano. Você pode decorar versículos. Dawson Trotman foi um grande estadista cristão. Ele memorizava um versículo por dia nos seus primeiros três anos de vida cristã — isso significa mil versículos! Sonhe — e realize!

Senhor, eu hesito em sonhar, porque tenho medo de me comprometer e falhar. E se eu começar e depois ficar cansada ou esquecer? Eu quero crescer em ti, Senhor. Quero me tornar a pessoa que tu queres que eu seja. Dá-me um sonho, além de força e paixão para realizá-lo. Amém.

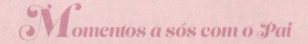

A mulher dos seus sonhos

Deus vai levá-la tão longe quanto você quiser ir — e tão rápido quanto você quiser. Ser aquela mulher dos seus sonhos, aquela mulher segundo o coração de Deus, depende de você. Provérbios 4:23 diz: *Acima de tudo que se deve guardar, guarda o teu coração, porque dele procedem as fontes da vida.* É você quem decide o que vai fazer ou não — se vai crescer ou não. Você também decide o ritmo em que vai crescer. Será na base do erro e do acerto? Ou será da forma que eu chamo de ritmo do sarampo: uma erupção repentina aqui e ali? Você crê que pode ser uma mulher de Deus? Com a graça de Deus e na força dele, você pode.

Senhor, eu quero ser uma mulher de ti... uma mulher que te ama e te serve. Dá-me sabedoria e perseverança para crescer no meu relacionamento contigo. Obrigada por me dares essa oportunidade. Amém.

Momentos a sós com o Pai

Uma transformação na oração

Lembro-me deste dia como se fosse ontem. Era meu décimo aniversário de vida espiritual. Eu tinha deixado os meus filhos na escola e estava na minha escrivaninha repousando diante de Deus e me regozijando por ser filha dele. Pensei nos anos passados e, com lágrimas de gratidão, orei: "Senhor, o que tu vês que está faltando na minha vida espiritual?" A resposta imediata foi extremamente clara: "Sua vida de oração!" Naquele dia escrevi no meu diário: "Eu me consagro e me proponho a gastar os próximos dez anos desenvolvendo uma vida significativa de oração". Como tem sido gratificante esse tempo de colocar em ação uma transformação completa na oração. Assim como no processo de me tornar uma mulher que ama e serve a Deus de coração.

Pai, obrigada por ouvires minhas orações. Como é emocionante me achegar a ti por conta própria... por não ter de passar por alguém ou alguma coisa para falar contigo e te ouvir. Amém.

Momentos a sós com o Pai

Você não precisava

Quando meu marido, Jim, estava no seminário, nós morávamos numa casa minúscula com a pintura das paredes descascada e o teto da sala prestes a desmoronar. Todo o nosso orçamento ia para mensalidade, aluguel e comida. Eu precisava desesperadamente de vitória na área dos desejos e sonhos do meu coração. Vez após vez eu colocava tudo nas mãos de Deus. Assim nasceu um princípio para a oração: "Se Deus não deu é porque você não precisava".

Ao longo dos anos, Deus tem fielmente atendido a muitas necessidades da nossa família. Nós temos experimentado a realidade da promessa de Deus de que ele *não negará bem algum aos que andam com retidão* (Salmos 84:11). Isso também é verdade para você!

Senhor, obrigada por cuidares de mim e sustentares tanto a mim como àqueles a quem amo. Sou grata por tudo o que fizeste por mim, por tudo o que estás fazendo por mim e por tudo o que farás por mim. Eu te amo! Amém

Momentos a sós com o Pai

Um coração que obedece

Nunca me esquecerei da vez em que minha filha queria impressionar o namorado dela — e a nós — fazendo um *brownie*. Esperando algo maravilhoso, tivemos que evitar fazer caretas ao comermos o tão esperado *brownie*. Estava horrível! Quando perguntamos se ela tinha feito algo de especial ou diferente no processo da receita, minha filha informou: "Ah, eu tirei o sal. Sal não faz bem".

Por causa de um ingrediente que faltava, a fôrma toda teve que ser jogada fora. Assim como aquela receita de bolo exigia vários ingredientes para se tornar o que ele deveria ser, existe um ingrediente-chave para nos tornarmos mulheres que seguem o coração de Deus. O coração em que Deus se deleita é aquele que é submisso, interessado e sensível a ele — um coração que obedece!

Momentos a sós com o Pai

Senhor, tantas vezes eu quero fazer o que eu quero... então eu não te consulto nem reflito sobre o que eu sei que é a verdade de acordo com a tua Palavra. Por favor, ajuda-me a lembrar que te servir e te amar são as minhas prioridades máximas. Amém.

Pare de fazer o errado

VOCÊ ESTÁ FAZENDO alguma coisa que é errada? Hoje estou exortando-a a parar. Eu não consigo simplificar mais do que isso. Na fração de segundo em que você pensar ou fizer qualquer coisa que desagrada o coração de Deus, pare imediatamente! Essa atitude treinará seu coração a ser sensível a Deus em todas as situações. Se você faz fofoca —pare. Se você tem pensamentos impuros — pare. Se você tem uma faísca de ira — pare antes de agir guiada por ela. Todos têm experiências desse tipo. Elas acontecem a todos nós com frequência. Mas a forma como você reage revela o que está no âmago do seu coração. Clame ao Senhor. A passagem de 1João 1:9 promete que Deus é fiel e justo para nos perdoar os pecados e nos purificar de toda injustiça.

Deus Pai, tu és maravilhoso! Não somente és fiel e justo para perdoar os meus pecados, como também para me cobrir com tua graça quando falho em viver à altura dos teus padrões. Obrigada por tua misericórdia. Amém.

Momentos a sós com o Pai

Uma serva

O TEXTO de 1Pedro 4:10 diz: *Servi uns aos outros conforme o dom que cada um recebeu, como bons administradores da multiforme graça de Deus.* Se você não é casada, isso significa que você serve a Deus, à sua família, aos seus amigos, à empresa em que trabalha e às pessoas da igreja e na comunidade. Se você é casada, essa atitude de serva começa com seu marido.

Levou alguns anos, mas eu finalmente compreendi que sou encarregada por Deus a ajudar meu marido, Jim. Posso honestamente dizer que me tornei uma esposa melhor — e uma cristã melhor — quando me tornei uma ajudadora melhor. De acordo com o plano de Deus, eu não devo competir com meu marido, mas estar firmemente atrás do meu marido. Devo dar apoio. Como isso se traduz na vida diária? Jim é a primeira pessoa a quem eu devo ajudar, dar assistência para tornar possível cada vitória dele.

Senhor, eu sou egoísta demais na maior parte do tempo. Ajuda-me a combater essa tendência e buscar força e sabedoria em ti para deixar de lado as minhas vontades e os meus desejos para servir às pessoas que me pediste para servir. Amém.

Momentos a sós com o Pai

Submissão?

"Já estava na hora de fazer alguma coisa por mim, para variar!" Sue queria largar seu emprego para entrar no ministério de tempo integral e veio falar comigo para se aconselhar. Quando perguntei o que o marido dela tinha a dizer, ela disse: "Ah, ele não é cristão. Ele não quer que eu faça isso". Outros disseram para Sue seguir em frente e ir atrás dos sonhos dela, mas a Bíblia é clara em suas instruções. As esposas devem se "submeter" a seu marido (Efésios 5:22).

Desde que seu marido não esteja lhe pedindo para violar a Palavra de Deus, como mulher que serve ao Senhor, você deve se submeter. É pela fé em um Deus soberano que você e eu confiamos que ele trabalhará na nossa vida de forma direta por meio do nosso marido. Essa verdade pode não ser apreciada hoje em dia, mas se encontra na Bíblia.

Jesus, cria em mim um coração que deseja servir ao meu marido... e às outras pessoas que colocaste na minha vida. Dá-me a força, a paciência e a gentileza de que preciso para ser um modelo fiel do teu amor para eles. Amém.

Momentos a sós com o Pai

Faça do seu marido o "número 1"

Converse com sua mãe sobre receitas, habilidades, interesses, a Bíblia e crescimento espiritual — mas não fale sobre seu marido. Se você ainda não o fez, decida neste momento tornar seu marido seu relacionamento humano "número 1". Isso inclui colocá-lo como prioridade acima de seus filhos. Conselheiros dizem que o ponto onde é mais frequente os casamentos saírem dos trilhos é no investimento elevado nos filhos e no investimento inferior no casamento. Pergunte a si mesma: "Eu estou paparicando meu marido ao máximo?" Não há nada de errado em fazer tudo ao seu alcance para agradar seu marido. É disso que se trata seu amor por ele. Invista seu tempo, seu coração e sua vida em orar por seu marido. É impossível odiar ou negligenciar a pessoa por quem você está orando!

Momentos a sós com o Pai

Senhor, ajuda-me a olhar para o meu marido com novos olhos de amor. Quero enxergar novamente todas as boas qualidades que ele tem... todas as coisas que me fizeram sentir atraída por ele. Dá-me oportunidades para fazê-lo lembrar que eu o amo e por quê. Amém.

Planeje o romance

"Jantar a dois? Acho que já faz um mês que ele não chega em casa a tempo para o jantar!" Nada acontece espontaneamente... incluindo um casamento excelente. Provérbios 21:5 diz: *Os planos do diligente conduzem à fartura.* E em nenhum outro lugar isso é mais verdadeiro do que no casamento. Planeje o que eu gosto de chamar de "atos especiais de bondade". Faça uma visita a seu marido. Anime-o. Prepare jantares especiais — jantares de que ele gosta. Crie também momentos especiais a sós, para que vocês possam conversar e aproveitar a companhia um do outro. Se você está começando a evitar esses momentos aconchegantes, faça planos agora mesmo para remediar essa situação. Amar seu marido faz parte para tornar-se uma mulher segundo o coração de Deus. Vá em frente e despeje amor sobre o seu maridinho!

Senhor, estimula minha criatividade e me ajuda a mostrar para meu marido quanto eu o amo. Guia-me ao torná-lo uma prioridade e incentirá-lo a separar um tempo para mim na agenda dele. Amém.

Momentos a sós com o Pai

Desenvolvendo uma paixão por Deus

Estou certa de que você tem uma paixão profunda e duradoura pela Palavra de Deus. E, se você é mãe, quer que seus filhos conheçam e amem a Deus. A Bíblia diz: *Portanto, a fé vem pelo ouvir, e o ouvir, pela palavra de Cristo* (Romanos 10:17). A Palavra de Deus provê o conhecimento e a sabedoria de que seus filhos precisam para aceitar a Jesus. E se você desenvolver neles o hábito de ler a Bíblia, isso os guiará por toda a vida! Então, como mãe, coloque a Santa Palavra de Deus em primeiro lugar na lista de coisas que seus filhos precisam conhecer. Assim como também deve estar em primeiro lugar no seu coração. Sua paixão pelas Escrituras transbordará enquanto ensina seus filhos a respeito de Jesus.

Senhor, obrigada pela bênção incrível que são os filhos. Entrego minhas joias preciosas a ti. Abre o coração deles para ti e para tua Palavra. Ajuda-me a apresentar o teu amor e a tua direção de forma que os façam ansiar por te conhecerem. Amém.

Momentos a sós com o Pai

Primeiro a família

"Corram, meninas. Nós estamos superatrasadas!"

Eu estava em uma missão de caridade e apressando minhas duas filhas para entrarem no carro. Íamos entregar uma refeição para uma amiga que tinha acabado de ter bebê. Eu tinha passado a maior parte da manhã preparando uma cesta especial de comida deliciosa. Enquanto saíamos pela porta, uma das minhas filhas quis saber o que estávamos fazendo e por quê. Eu estava me sentindo muito bem comigo mesma ao compartilhar nosso objetivo, até que Katherine perguntou: "E o que *nós* vamos ter para o jantar?"

Enquanto eu pensava no meu plano de juntar algumas coisas de forma rápida e fácil para minha própria família, percebi que minhas prioridades não estavam exatamente na ordem correta. Eu estava fazendo um esforço especial para preparar uma refeição deliciosa para outra pessoa... e a minha própria família ficaria com a coisa feita de qualquer jeito. Ai!

Momentos a sós com o Pai

Senhor, tu ocupas o primeiro lugar na minha vida... e depois vem a minha família. Ajuda-me a viver essas prioridades em tudo o que eu fizer — inclusive em preparar as refeições. Amém

Ensine seus filhos

O QUE VOCÊ está ensinando a seus filhos com as coisas que você fala? Com o que você faz? Com os lugares que você frequenta? Como mãe que conhece a Deus, você tem o privilégio que criar seus filhos para amarem e seguirem a Deus. E para que isso aconteça você tem que falar com seus filhos a respeito de Deus — depois reforce seus ensinamentos com suas ações. Afinal de contas, nós falamos e fazemos o que é importante para nós. E quando falamos a respeito e seguimos as regras de Deus, comunicamos que ele é supremamente importante para nós. Ainda que às vezes as crianças tenham uma "audição seletiva", a mensagem é captada! Então, como está a sua fala? Como está o seu caminhar?

Senhor, é fácil me deixar levar pelas tarefas diárias e esquecer que meus filhos estão observando a minha forma de pensar, agir e lidar com as emoções. Ajuda me a ser modelo do teu amor, dos teus valores e dos teus princípios para que meus filhos cresçam para serem bondosos e responsáveis. Amém.

Momentos a sós com o Pai

O poder da oração

"MÃE, OBRIGADO por orar por mim hoje. Fez a maior diferença!" Como somos abençoadas como mães por orarmos pelos nossos filhos queridos. E que alegria é determinar o clima no seu lar — clima de amor e risadas, diversão e oração. Deus torna seu coração alegre, generoso, pródigo, feliz e tranquilo. Ele a capacita para se concentrar nas suas prioridades e realizá-las. Ele supre o necessário para caminhar a segunda milha como esposa e mãe. Não é uma atribuição de função fácil, mas Filipenses 4:13 promete que você pode fazer todas as coisas por meio de Cristo que a fortalece. Então eleve seu coração e sua voz a Deus hoje. Louve-o por sua fidelidade. Agradeça-lhe por amar você e sua família.

Senhor, tu és tão maravilhoso. Tu me dás o que eu preciso... e ainda realizas os desejos do meu coração. Obrigada por meu marido e meus filhos. Tu és tremendo! Amém.

Momentos a sós com o Pai

Um lugar de refúgio

"É SÓ CHEGAR em casa, que vai dar tudo certo!" Não seria ótimo se cada membro da sua família soubesse que existe um lugar onde tudo vai ficar bem? Seu lar deveria ser um lugar de refúgio. Um lugar de cura. Um lugar de renovo. Dê uma olhada pela casa ou pelo apartamento... por dentro e por fora. Faça uma lista de coisas que precisam ser acrescentadas, consertadas ou montadas para criar um ambiente de abrigo tranquilo.

E não se esqueça da sua atitude. É aí que às vezes somos colocadas à prova. Qual seria a atitude que se fosse melhorada — transformada por Deus — aprimoraria o clima no seu lar?

Quero incentivá-la a ter uma nova perspectiva sobre o seu lar e a forma como as pessoas interagem nele. Dê todos os passos necessários para melhorar a atmosfera às vezes tranquila, às vezes divertida e sempre de apoio, na sua casa.

Jesus, eu sou tão grata por ter um lugar que a minha família e eu podemos chamar de lar. Abençoa todos que entrarem por nossa porta. Quero que o meu lar reflita o teu amor e cuidado. Amém.

Momentos a sós com o Pai

Ladrões de tempo

VOCÊ QUER USAR seu tempo de forma efetiva e honrar a Deus? Então guarde seu tempo com cuidado. Quais são os "ladrões de tempo" na sua vida? O primeiro é o telefone tocando. Você nem sempre tem que atendê-lo! Deixe cair na secretária eletrônica. Outro problema é ser interrompida. Diga às pessoas que você dará um retorno... e marque um momento que seja conveniente. Deixar de delegar também desperdiça tempo. Prioridades indefinidas significam que você provavelmente seguirá por tangentes sem fruto.

Qual desses ladrões você vai confrontar esta semana de forma que você seja mais eficiente e efetiva como crente, mulher, esposa, mãe e profissional?

Ah, e mais uma coisa: seus filhos não são interrupções. Eles são o seu maior trabalho e o melhor investimento do seu tempo.

Pai, eu reclamo que não tenho horas suficientes no meu dia. Eu não cumpro as minhas tarefas de casa, fico atrasada no trabalho, deixo de fazer meu estudo bíblico, junto qualquer coisa para o jantar. Com a tua ajuda, quero ser mais focada, mais eficiente, mais consistente. Amém.

Momentos a sós com o Pai

Dieta e exercício

Toda vez que eu pergunto a alguma mulher que tem uma vida e um ministério intensos, como ela consegue, eu me encolho. A resposta previsível é sempre formada por duas palavras: "dieta" e "exercício". Você estava esperando que esse assunto não viesse à tona? A Bíblia nos diz que a forma como administramos nosso corpo afeta nosso ministério e a qualidade da nossa vida. O apóstolo Paulo apresenta isso da seguinte forma: *Aplico socos no meu corpo e o torno meu escravo, para que, depois de pregar aos outros, eu mesmo não venha a ser reprovado* (1Coríntios 9:27). Se o seu objetivo é uma vida repleta de dias de qualidade servindo ao Senhor, a chave é dar atenção ao seu corpo!

Pai, o corpo humano é tão complexo e intrincado. Que criaturas maravilhosas tu criaste! Vou começar a me exercitar de alguma forma e comer alimentos mais nutritivos, porque quero ser uma boa administradora do corpo que me deste. Por favor, protege-me e guarda a minha saúde. Amém.

Momentos a sós com o Pai

Leitura promove crescimento

Houve um tempo em que ler era mais popular do que assistir à TV. Imagine só! Você deve estar se perguntando: "Quem tem tempo pra ler?" Ruth Graham dizia para suas filhas: "Continuem lendo e vocês serão educadas!" É fácil pensar que você não tem tempo para ler, mas simplesmente carregar um livro para todos os lugares aonde você vai faz que muitos livros sejam lidos. Eu costumava marcar no relógio e ler somente cinco minutos por dia. Pode não parecer muito, mas concluí muitos livros desta forma! A leitura pode cumprir um papel importante no seu crescimento espiritual. É claro que a Bíblia é o livro principal que você deve ler, mas livros de mulheres como Ruth Graham, Edith Schaeffer, Elizabeth Elliot e Anne Ortlund também são bons. Quando você lê os livros delas, está sendo orientada!

Deus, abre meus olhos para que eu compreenda tua sabedoria e teus princípios para a vida lendo a Bíblia durante esta semana. Ajuda-me a incorporá-los na minha vida. Também indica-me livros que me ajudarão a amar a ti e as pessoas ao meu redor de modo mais profundo. Amém.

Momentos a sós com o Pai

O tempo de Deus

ÀS VEZES sou tentada a pensar que minha hora silenciosa com Deus não tem importância. Que ela não faz diferença. Ninguém vê e, às vezes, parece que não existe nenhuma glória, nenhuma atenção dada às semanas, meses e anos de espera em Deus. Você deve se identificar com isso. Afinal de contas, poucas pessoas, ou ninguém, a veem lendo a Palavra de Deus. Ninguém está ali para ver você decorar e meditar as verdades de Deus que transformam a vida.

Quero encorajá-la! Deus a vê de joelhos em oração. Ele usa sua dedicação e receptividade para prepará-la para o ministério. Ele apresentará essas oportunidades no tempo dele. Neste momento, sua responsabilidade é cooperar com os esforços de Deus para prepará-la. Então limpe sua agenda. Separe algum tempo para colocar-se diante de Deus. Espere nele!

Deus, hoje eu quero orar a ti com base em Salmos 119:27: Faze com que eu entenda o caminho dos teus preceitos; assim meditarei nas tuas maravilhas. Abre os meus olhos e o meu coração para a tua sabedoria, Pai, e me dá as tuas instruções hoje. Amém.

Momentos a sós com o Pai

Esteja por inteiro

ONDE QUER que você esteja, esteja por inteiro! Viva a vida no limite em toda situação que você crê que seja a vontade de Deus. Vá esperando que Deus a use. Vá para dar, para estender a mão. Não retenha nada. Seja a mulher que chamamos de "sempre ligada". Como você já separou tempo e fez o esforço de ir a um evento, doe-se de forma completa e liberal. Ministre ao máximo de pessoas que puder, de tantas formas quanto possível. Essa é uma forma infalível de glorificar e servir a Deus! Eu e uma amiga fizemos um pacto: quando nos encontramos orbitando uma em volta da outra em algum evento ou alguma festa, uma das duas deve anunciar: "Por favor! Vamos tocar algumas ovelhas".

Senhor, eu quero contar a todos que Deus maravilhoso tu és. Se eu estiver cansada, me dá força. Se eu estiver tímida, me dá coragem. Seu eu estiver hesitante, me dá as palavras certas a dizer. Obrigada. Amém.

Momentos a sós com o Pai

Memorizar a Palavra de Deus

Você quer uma forma excelente de honrar a Deus? Memorize a Palavra dele! Antes que você fale alguma coisa, deixe que eu lhe diga: "Nunca foi fácil pra mim também". Eu estava na casa de uma amiga e o papagaio dela cantou *Jingle bells...* inteirinho! Enquanto eu estava ali parada, extasiada com o que estava ouvindo, pensei: "Bem, se um papagaio consegue aprender *Jingle bells,* eu consigo memorizar versículos!" Pense em quanto tempo levou para alguém se sentar com aquela ave e lhe ensinar a melodia e a letra de uma música. Com toda a certeza, você consegue aprender um ou dois versículos da Palavra de Deus. Se você o fizer, seu coração repleto será uma fonte de encorajamento para muitos!

Senhor, faze meu cérebro funcionar e me ajuda a absorver a tua Palavra hoje. E então me dá desejo e disposição para colocar tua sabedoria e teus preceitos em prática e compartilhá-los com outros. Amém.

Momentos a sós com o Pai

Mostrar misericórdia

Existe alguém a quem seu encorajamento poderia ser útil hoje? Algum ente querido? Alguém que está longe da família e dos amigos? A misericórdia é uma qualidade requerida de nós se vamos amar e servir a Deus. É também uma coisa para a qual nós, mulheres, somos equipadas de forma única. Afinal de contas, nosso Senhor Jesus já deixou o modelo para nós há muitos anos e devemos seguir seus passos. Comprometa-se agora a renovar seus esforços para mostrar misericórdia e servir aos outros com todo o seu coração. No texto de Mateus 5:7, lemos: *Bem-aventurados os misericordiosos, pois alcançarão misericórdia.*

Senhor, dá-me um coração compassivo. Ajuda-me a perceber as necessidades das pessoas à minha volta e descobrir como posso aliviar seus fardos, mesmo que seja só um pouco. Quero refletir teu amor e cuidado para elas. Amém

Momentos a sós com o Pai

Escolhas

NUNCA É DEMAIS valorizar a importância das escolhas. Se você quiser saber como será no futuro, verifique as escolhas que está fazendo hoje. O que você está fazendo agora é o que você será então. Isso é um enigma. Com o tempo, suas escolhas mudam... para melhor, espero! As escolhas que você faz agora determinarão se você realizará ou não o propósito de Deus para sua vida. Não importa com o que você estiver lidando neste exato minuto, nos próximos cinco minutos, na próxima hora, amanhã ou para sempre — tome decisões positivas para amar, honrar e servir ao Senhor. Faça as escolhas que modificarão o seu mundo... e a vida dos outros de forma positiva.

Senhor, toda vez que me viro, tenho que tomar decisões. Devo me levantar? Devo comer isto ou aquilo? Devo disciplinar meus filhos? Devo comprar isto? Devo me voluntariar para este projeto? Por favor, me dá direção para que eu possa escolher teu caminho e fazer tua vontade. Amém.

Momentos a sós com o Pai

Um dia de cada vez

"FIQUE CALMA. Você só precisa lidar com um dia de cada vez." Eu sou lembrada disso com muita frequência quando olho para meu planejamento. E você? Você simplesmente deixa as coisas acontecerem? Muitas pessoas deixam. E depois ficam se perguntando por que Deus parece não usá-las no ministério efetivo. Para tomar o controle da sua vida, você vai precisar fazer um planejamento cuidadoso. Leve a vida um dia de cada vez. Use uma agenda ou algo parecido. Registre os compromissos, as reuniões, o cardápio e o uso do carro para o dia seguinte.

Hoje à noite, quando entrar debaixo das cobertas, peça a Deus que abençoe o dia seguinte e a guie o tempo todo. Então apague a luz. De manhã, saúde o dia com as palavras de louvor do salmista: Este é o dia que o SENHOR fez; [vou] regozijar-[me] e alegrar-[me] nele (Salmos 118:24).

Senhor, tu me deste este dia. Quero sentir prazer fazendo tua vontade a cada minuto. Salmos 119:105 diz que a tua Palavra é lâmpada para os meus pés. Obrigada por me mostrares os teus caminhos. Amém.

Momentos a sós com o Pai

Suas prioridades revelam algo

O QUE A SUA AGENDA, sua lista de afazeres, compromissos semanais e até mesmo o canhoto do seu talão de cheques dizem a seu respeito? O que eles sugerem a respeito da sua caminhada com Deus? A respeito das suas prioridades? Dê uma olhada. Será que já não é tempo de alinhar suas prioridades baseada no que você crê, e não nos desejos e caprichos formulados pelo que você vê e ouve por meio de pessoas e propagandas?

Considere em espírito de oração que mudanças você precisa fazer para estabelecer suas prioridades sobre o que você crê a respeito de Deus e seu chamado para servir. Salmos 90:12 diz: *Ensina-nos a contar nossos dias para que alcancemos um coração sábio.* Um coração sábio! É exatamente disso que você precisa ao viver as prioridades que você tanto estima.

Senhor, eu me desvio com facilidade por causa de propagandas e por querer o que outras pessoas têm. Sempre que eu estiver pronta para gastar meu dinheiro, faze-me lembrar que tu és a minha prioridade... e que tu provês minha renda para te servir, sustentar minha família e promover o teu reino. Amém.

Momentos a sós com o Pai

A vida normalmente é injusta

VOCÊ TEM a sensação de que a vida é injusta? Quero encorajá-la. Quando penso nas mulheres de grande fé que conheço, quase sempre posso apontar para alguma tristeza ou tragédia que produziu nelas uma confiança crescente em Deus. Uma viúva que perdeu seu jovem marido, uma escritora que escreve na cama por causa de uma doença da qual ela nunca vai se recuperar, uma mãe que perdeu seu filho em um acidente trágico, uma mulher que sofre de câncer.

O que está faltando na sua vida, minha amiga? Eu sei o que está faltando na minha. Mas louvo a Deus por seu terno amor infalível e sua graça suficiente. Isso é o que me mantém sã, feliz e saudável. E fará o mesmo por você!

Senhor, eu não entendo por que as pessoas têm que suportar dificuldades e tragédias. Às vezes fico assustada ao pensar no que poderia acontecer. Mas tu estás aqui para me ajudar. Tu me darás a força e a coragem de que preciso para perseverar. Obrigada. Amém.

Momentos a sós com o Pai

Oração por paciência

AO CONTRÁRIO do que diz o ditado: "Não peça paciência a Deus, pois ele lhe enviará tribulações para você aprender a exercê-la", pedir paciência é uma coisa boa! Estas palavras animadoras de Romanos 8:28 dizem que *sabemos que Deus faz com que todas as coisas concorram para o bem daqueles que o amam*. Deus está no controle de tudo, mesmo daquelas situações que parecem negativas. Deus vai sustentá-la... e você vai adquirir esse maravilhoso fruto do Espírito!

Eu amo a frase que diz: "Floresça onde está plantado!" Regozije-se enquanto Deus cultiva seu solo, acrescenta fertilizantes para o crescimento, planta e poda os galhos desnecessários. Algum dia você dirá com toda a confiança: "Com toda a certeza, Deus fez que todas as coisas concorressem para os bons propósitos dele!"

Pai, a paciência é uma virtude, eu sei. Ajuda-me a cultivar esse traço para poder te refletir melhor e esperar no teu tempo. Obrigada por voluntariamente tirares tempo para desenvolver meu caráter de forma que eu possa te servir melhor. Amém.

Momentos a sós com o Pai

Quando nos pedem para orar

VOCÊ ORA por seus amigos? Ora de verdade? Devo dizer que não há muita coisa que se compare em importância, ou em emoção, ao que está acontecendo na vida das pessoas que amo. Quando meu pai estava morrendo de câncer, eu me importava muito pouco com as notícias mundiais, os livros mais recentes ou qualquer coisa nesse sentido. De alguma forma, coisas assim não importam em tempos de crise. Ser seguidor de Cristo significa ouvir as pessoas e então orar por elas de forma diligente. Quem são os membros da sua família que você traz diante de Deus em oração com regularidade? Quem são os amigos? As palavras de Paulo aos filipenses ecoam em nós também: *estais em meu coração* (Filipenses 1:7). Eleve hoje uma oração por sua família e seus amigos.

Senhor, quando tu andaras na terra e as pessoas traziam seus amigos doentes e paralíticos a ti, tu os curaras. Ajuda-me a sempre trazer meus amigos e familiares a ti em oração. Amém.

Momentos a sós com o Pai

Interessando-se pela Palavra

ACREDITE EM MIM. Praticamente tudo e qualquer coisa podem impedi-la de se interessar pela Palavra de Deus. Talvez seja a bagunça dos pequenos. Ou talvez seja seu emprego. Você simplesmente não tem tempo para parar antes de sair correndo pela porta. Ou talvez você nunca esteja a fim! Quais são seus maiores obstáculos para gastar tempo a sós com Deus? Sente-se e anote o que você pode fazer — e fará — para achar uma rotina que inclua o estudo bíblico. Fale com suas amigas sobre os horários delas. Descubra as formas como elas desfrutam da Palavra de Deus. Faça uma lista de oração. Meu desejo é que você desenvolva paixão pela Palavra de Deus; que você seja realmente uma seguidora de Jesus dedicada e em crescimento.

Senhor, que tesouro é a tua Palavra! Quero escondê-la no meu coração, deixar que ela habite ricamente em mim e usá-la para me guiar em cada decisão que eu tomar. Obrigada por falares comigo por meio das páginas da Bíblia. Amém.

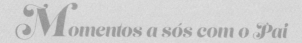

Momentos a sós com o Pai

Palavras de bondade

As PALAVRAS amáveis são curtas, mas seu eco é sem fim. Escave seu coração. Exponha qualquer área problemática. Você precisa confessar e admitir o pecado da fofoca? Faça isso toda vez que fizer fofoca. Você está lutando com o ódio? A tolice? A idolatria? Seja honesta. Como mulheres, tenhamos como objetivo de vida o falar piedoso. Nós queremos seguir nas pegadas de Jesus, cujos lábios falavam palavras de amor e bondade. Que esta seja nossa constante oração, como foi a de Davi: *Guardarei meus caminhos para não pecar com minha língua* (Salmos 39:1). Como é maravilhoso aspirar a um falar piedoso! Na verdade, esse é o mandado que recebemos, se desejamos verdadeiramente seguir a Deus.

Senhor, que o meu falar seja sempre gracioso. Ajuda-me a não deixar que nenhuma palavra prejudicial saia da minha boca, mas somente a que for útil para a edificação dos outros conforme suas necessidades. Amém.

Momentos a sós com o Pai

Dez formas para amar seus filhos

NÃO EXISTE nada mais importante que gastar tanto tempo quanto possível com seus filhos. Nós temos o incrível privilégio e a alegria de amá-los e moldá-los com instruções piedosas. Nesta breve meditação, existem dez formas para amar seus filhos! 1) Ensine-os e treine-os. 2) Não os provoque (Efésios 6:4). 3) Fale com Deus sobre seus filhos. 4) Converse com eles sobre Deus. 5) Leia sobre como ser mãe. 6) Leia para eles. 7) Ensine-os a orar. 8) Cuide deles. 9) Fale de Jesus para eles. 10) Faça o seu melhor para ser um modelo de piedade.

Uma pessoa muito sábia disse: "Se não abandonarmos a impiedade hoje, ela se manifestará em nossos filhos amanhã".

Senhor, eu amo os meus filhos! Ajuda-me a cuidar deles exatamente da mesma forma que tu cuidas de mim — de forma consistente, compassiva e criativa. Amém.

Momentos a sós com o Pai

Ame sua vizinha

"Eu não posso dizer que a conheço tão bem assim. Você sabe como é. Sou ocupada. No final das contas, ela não tem muito a ver comigo." Você se identifica com essa atitude? Não é necessário ler muito do Novo Testamento para descobrir que ser cristão significa amar seu marido, amar seus filhos e amar uns aos outros... inclusive seus vizinhos. Ai! Como filhas de Deus, eu e você, minha amiga, temos a ordem de demonstrar o tipo de amor que vemos como modelo em nosso Pai celestial. A ordem é clara em João 15:12: *Amai-vos uns aos outros, assim como eu vos amei*. Ao gastar tempo na Palavra de Deus, você encontrará a melhor instrução que há sobre como deve ser o amor. E amar sua vizinha definitivamente faz parte do plano de Deus.

Senhor, admito que às vezes nem reparo nas pessoas que sofrem ao meu redor. Oro por sensibilidade para poder ver as necessidades das outras pessoas e saber como ajudá-las. Amém.

Momentos a sós com o Pai

Empenhada em amar

Você já fez, disse ou deixou implícito que seu amor por seu marido é condicional ou até que está minguando? Amar seu marido é um trabalho de 24 horas por dia. A Bíblia diz de forma simples: *Deus é amor* (1João 4:8,16). Já que temos Deus em nós, seu amor está em nós. Isso é o que a capacita a amar quando você não está a fim. A servir quando você preferiria ser servida. O amor verdadeiro, sacrificial, vem somente de Deus. *Porque Deus amou tanto o mundo, que deu o seu Filho unigênito* (João 3:16). Jesus não veio para ser servido, mas para servir (Marcos 10:45). Foi de propósito; foi de forma deliberada que ele morreu por mim e por você na cruz (Lucas 23; Romanos 14:8,9). Peça que ele a preencha com amor forte, sólido e duradouro por seu marido.

Senhor, sozinha eu não consigo nem começar a amar meu marido da forma consistente e sacrificial que tu queres que eu ame. Enche-me até teu amor transbordar todos os dias, para que eu possa servir com um coração cheio e nunca secar. Amém.

Momentos a sós com o Pai

Eu consigo fazer isso

"Eu NÃO CONSIGO fazer isso! Você não pode esperar que eu consiga. Isso é muito mais do que eu esperava!" Quando estou enfrentando momentos de dificuldade ou de dor, eu oro: "Deus, a tua Palavra diz que eu posso fazer todas as coisas — inclusive lidar com isso — por meio de Cristo que me fortalece. Por sua graça, eu posso fazer isso. Obrigada por me capacitares a lidar de forma efetiva com este desafio!" (Filipenses 4:13). Não me entenda mal. Não sou nenhum gigante espiritual. Sou apenas uma mulher que quer que Deus a capacite para lidar de frente com os desafios da vida de forma efetiva. Com essa oração, estou reconhecendo os incríveis recursos que tenho no Senhor. Isso me permite marchar na direção do que se apresenta diante de mim... verdadeiramente seguir a Jesus. Minha oração é que você não ceda nem desista. Pela graça dele!

Senhor, meus recursos são tão limitados. Costumo me sentir pequena e fraca. Mas tu és forte! Obrigada por me dares o poder que preciso para realizar tudo que tu me pedires para fazer. Amém.

Momentos a sós com o Pai

Alegria verdadeira

"Eu pensei que, quando virasse crente, seria feliz. Mas isso não está funcionando para mim!" Nossa vida é cheia de desilusões, crises, aflições e lutas. Mas existe uma boa notícia. Deus pode nos dar toda a alegria que precisamos. Alegria espiritual verdadeira não é necessariamente felicidade. A felicidade vem e vai, dependendo das nossas circunstâncias. Se tudo está bem, ficamos felizes. Mas, assim que as coisas ficam agitadas ou acontece uma tragédia, a felicidade se torna vaga. A alegria de Deus é um presente da graça para as adversidades e os problemas da vida. É uma alegria sobrenatural que não depende das circunstâncias, porque está baseada no amor imutável e incondicional de Deus por nós. Precisamos olhar além dos momentos difíceis e saber que tudo está bem entre nós e o Senhor.

Senhor, até as minhas situações mais difíceis não podem tirar a alegria que tu me dás se eu simplesmente recorrer a ti. Obrigada porque tua alegria me dá força. Amém.

Momentos a sós com o Pai

Gestão financeira

"Era do banco. Estamos no vermelho de novo!" Esse era o meu Jim falando comigo! Eu era uma esposa despreocupada e desinformada que levantava as mãos e dizia: "Ah, eu não entendo nada de dinheiro. Deixo o Jim tomar conta de todas essas coisas". Isso pode soar como a síntese da confiança, mas na verdade essa atitude representava ignorância, tolice e imaturidade. Se você compreender as questões financeiras, encontrará formas de contribuir. Tire um pouco da carga do seu marido. Eu finalmente decidi ser mais atuante nessa área; então, conversei com o Jim, pedi conselhos de pessoas com conhecimento e li livros sobre contabilidade básica. Quero encorajá-la a estudar sobre gestão financeira. Comece algum tipo de sistema de registros. Eu sei que isso não é muito glamoroso, mas sua contribuição na área financeira desenvolve a virtude, o caráter, a piedade e, sim, a beleza espiritual.

Momentos a sós com o Pai

Senhor, tu nos chamas para sermos bons mordomos; e eu quero fazer a minha parte. Dá-me sabedoria e ao meu marido ao tomarmos decisões financeiras juntos. Mostra-nos como te agradar com os recursos que nos dás. Amém.

Olhe para Deus

QUE PROVA está lhe causando hoje a maior tristeza, a dor mais aguda, o sofrimento mais profundo? É seu marido não crente? A perda do emprego? O fim do seu casamento? Um filho pródigo? Solidão? Seja qual for sua maior prova, permita que ela a leve para Deus. Hebreus 13:15 nos encoraja a oferecer nosso sacrifício de louvar fielmente a Deus. Faça-o ainda que seja por meio de suas lágrimas. Jesus nos dá o modelo supremo de alegria em meio à dor atroz da vida. Não havia dor maior que a crucificação numa cruz romana. Mas o Senhor nunca perdeu a alegria no relacionamento que ele tinha com seu Pai. Ele até suportou a cruz. Erga seus olhos e seu coração ao Senhor, hoje. Dê a ele sua gratidão e seu louvor ao buscar ajuda e conforto dele.

Senhor, que todas as circunstâncias na minha vida me levem para mais perto de ti. Ajuda-me a desviar meus olhos dos meus problemas e olhar para ti a fim de que eu sempre me regozije em ti. Amém.

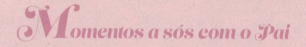

Momentos a sós com o Pai

Voltando seus Pensamentos para Deus

"Eu estou bem." Quando você ouve isso, fica se perguntando se a pessoa está falando a verdade? Você já respondeu dessa forma quando não era verdade? Eu costumava esconder minha dor. Meus pensamentos me puxavam tão para baixo que, em particular, lágrimas corriam pelo meu rosto. Como combati essas tristezas? Eu continuava me voltando para Filipenses 4:8: *Tudo o que é verdadeiro* [...] *nisso pensai.* Eu contemplava a verdade sobre o amor de Deus e a verdade sobre as promessas de Deus. Elas são constantes e nunca falham.

Não é sempre fácil mudar o foco da situação e se voltar para Deus, refletir sobre o que é verdadeiro. Mas, para viver uma vida cristã vitoriosa, você deve fazer o que a Palavra diz. Deus está trabalhando para ajudá-la a realizar qualquer coisa que ele esteja lhe pedindo para fazer. Confie nele.

Momentos a sós com o Pai

Senhor, tu me deste tantas coisas maravilhosas em que posso concentrar minha atenção. Ajuda-me a me deleitar nas coisas boas que colocaste na minha vida. Dá-me discernimento para que eu possa saber a verdade e me apegar a ela. Amém.

Uma perdedora

QUANDO VOCÊ se sentir inútil ou um fracasso, lembre-se que você é uma filha de Deus! O texto de Efésios 2:10 a chama de feitura dele. De uma mulher para outra, quero que você se sinta encorajada porque Deus tem um grande plano e propósito para sua vida. Bem, você pode não sentir agora, mas Deus é fiel e sempre cumpre suas promessas. Ele diz: *Pois eu bem sei que planos tenho a vosso respeito [...] planos de prosperidade e não de mal, para vos dar um futuro e uma esperança. Então me invocareis e vireis orar a mim, e eu vos ouvirei. Vós me buscareis e me encontrareis, quando me buscardes de todo o coração. Eu me deixarei ser encontrado por vós, diz o* SENHOR (Jeremias 29:11-14). Isso é algo com que você pode contar!

Senhor, ajuda-me a me ver como tu me vês. Nem mais nem menos. Somente a pessoa que criaste com um plano específico e um propósito só para mim. Obrigada pela esperança e pelo futuro que tens em mente para mim. Amém.

Momentos a sós com o Pai

Se eu tivesse...

"SE EU TIVESSE conseguido aquele emprego, talvez conseguisse fazer algumas das coisas que eu sempre quis fazer." Se eu isso... se eu aquilo... se eu aquilo outro. Esse tipo de pensamento é contraproducente, para dizer o mínimo. Está na hora de abrir mão desse arrependimento! Deus nos chama para lidar com o agora. Ficar pensando "se eu" costuma nos deixar triste ou deprimida. É impossível mudar o passado; então, por que viver nele? Aprenda com ele, sim. Veja o que Deus está lhe ensinando e lembre-se da fidelidade dele. Então siga em frente. Reconheça a soberania de Deus sobre cada evento da sua vida — passado, presente e futuro. Agradeça a ele pelas oportunidades que ainda estão por vir e busque as possibilidades que ele trará à sua vida para que você possa realizar seus sonhos. Deus a ama!

Senhor, obrigada, porque eu não tenho que ficar assombrada pensando "se eu". Tu me guias para lugares de maravilhosas possibilidades. Sei que ao te amar e andar contigo esses momentos surgirão. Ajuda-me a estar pronta para eles. Amém.

Momentos a sós com o Pai

Tempo a sós com Deus

"Oração e hora silenciosa? Eu tenho sorte de conseguir cinco minutos só pra mim para tomar um banho todo dia." Como eu me solidarizo com isso! Ainda assim, quando não tiramos um tempo para estar a sós com Deus, corremos o risco de perder o melhor que as pessoas esperam de nós. Jesus adquiria foco para o dia no seu tempo a sós com Deus, antes de o sol nascer (Marcos 1:35). Ele permitia que isso moldasse seus planos. Tire alguns momentos de quietude para descobrir o plano de Deus para o seu dia. Então na hora em que sua família levantar, o telefone tocar ou você entrar no carro, você tem direção dele para guiá-la. Sei que não é fácil e que haverá dias em que isso simplesmente não acontecerá. Mas, quando acontecer, você estará lá para colher as recompensas e preparada para enfrentar os desafios por vir.

Senhor, encontrar-me contigo no início do meu dia restaura a minha alma. Amo saber que tu também amas nosso tempo juntos. Ajuda-me a tornar meu tempo contigo uma prioridade a cada nova manhã. Amém.

Momentos a sós com o Pai

Auxiliares da atitude

TENHO FEITO uma experiência ao longo dos anos com o que chamo de meus "auxiliares da atitude". Esta lista me ajudou mais de uma ocasião com meu desejo de ser e fazer tudo o que Deus me chama para ser e fazer.

1. Ore por aqueles a quem você serve e por você mesma.
2. Ore especificamente por sua atitude com relação ao seu trabalho.
3. Faça uma lista de versículos que a estimulam à alegria.
4. Faça seu trabalho como se fosse para o Senhor.
5. Lide com cada tarefa de forma criativa.
6. Seja ativa.
7. Procure os benefícios — isso aliviará sua carga.
8. Valorize cada dia — um passo de cada vez.

Como você vai viver hoje? Quão perto de Deus vai caminhar? Incorpore esses auxiliares da atitude na sua vida. Quando decide viver com um coração disposto e feliz, você se torna uma fonte da alegria dada por Deus a todos!

Senhor, a minha atitude, apesar de assentada no meu coração, revela-se no meu rosto e na minha voz. Minha oração é que tanto minhas expressões quanto meu tom de voz reflitam que tu és meu Senhor neste dia ao te obedecer e seguir. Amém.

Momentos a sós com o Pai

Cedo na cama, cedo de pé

Se você está sempre ficando para trás, que tal cultivar a disciplina de levantar cedo? É provável que você já esteja se lamentando. Bem, eu também não sou uma pessoa matutina. Imagine que horas você quer ter as coisas prontas no seu planejamento, na sua preparação para o dia e então trabalhe de trás para a frente. Essa é a hora em que você precisa levantar. Ao apagar a luz hoje à noite, centralize seus pensamentos no que deseja realizar para o Senhor. Pense em todo o tempo de vida que você está "resgatando" levantando cedo. O tempo que você gasta orando e planejando na primeira parte do dia lhe dá um plano mestre que funciona. Deus ajuda quem cedo madruga! Encare seu dia com energia e entusiasmo.

Senhor, amo nosso tempo juntos e quero criar um espaço para isso logo cedo no dia. Isso vai me ajudar a resgatar outros aspectos da minha vida mais completamente. Obrigada pela força e pela sabedoria que tu me dás a cada dia. Amém.

Momentos a sós com o Pai

Terminando o trabalho

Sorrio quando penso em uma pesquisa que conduzi com donas de casa. Perguntei a cem mulheres: "O que a impede de terminar o trabalho de casa?" Suas respostas? Mau uso do tempo, falta de motivação, falhas de planejamento e a boa e velha procrastinação. Isso parece correto, não é mesmo? Quando eu não tinha objetivo — ou tinha objetivos confusos —, eu era desmotivada.

Mas agora eu mudei, apesar de ainda reincidir em alguns hábitos antigos de vez em quando. Depois de um estudo profundo da mulher de Provérbios 31, decidi colocar suas virtudes em prática na minha vida. Ela conhecia seus objetivos e tinha consciência de que estava a serviço de Deus para edificar um lar. Que excelente motivação! Ela trabalhava duro e era focada de forma que Deus a usava poderosamente. Ufa!

Junte-se a mim na busca para nos tornarmos servas melhores para Deus e para as pessoas que amamos!

Momentos a sós com o Pai

Senhor, é tão fácil me concentrar em mim mesma. Ajuda-me a superar isso. Grande alegria pode ser encontrada em amar e servir aos outros. Quero ser excelente nessas coisas ao buscar diariamente te agradar. Amém.

Trabalho noturno

O que você faz à noite? Você assiste à TV? Navega na internet? Quero incentivá-la a fazer suas noites e finais de semana valerem a pena. Tremo ao pensar no que estaria fazendo (ou não fazendo!) se continuasse a jogar fora o presente das noites dadas por Deus. Um domingo na igreja, cruzei com uma amiga minha. Ela tinha perdido 18 quilos, por isso não a reconheci. Ela agarrou meu braço para chamar minha atenção. Disse-me que tinha estabelecido uma meta de encontrar alguma atividade nova e animadora que pudesse realizar à noite, de modo que começou a se exercitar toda noite depois do trabalho. Que recompensa! Isso me inspirou a tornar minhas noites mais produtivas. Quero incentivá-la a sussurrar uma oração pedindo a Deus que guie seu coração e suas mãos para algum trabalho noturno diligente.

Senhor, quero que as horas entre o fim da tarde e antes de deitar minha cabeça no travesseiro contem para alguma coisa. Obrigada pelas noites. Ajuda-me a usar esse tempo de forma que te agrade. Amém.

Momentos a sós com o Pai

Uma alavanca para a bondade

SE VOCÊ QUER ser conhecida como uma mulher que ama a Deus e serve aos outros, deve começar com uma bondade que é possível somente por meio da graça de Deus. Um professor da Bíblia descreve a bondade como a "soma de todos os atributos de Deus". Como seria formidável se as pessoas saíssem de casa, todos os dias, prontas para fazer o bem... até mesmo procurando oportunidades para fazê-lo. A bondade dá o passo para passar das intenções para o serviço ativo. A Bíblia diz: *Assim, enquanto temos oportunidade, façamos o bem a todos, principalmente aos da família da fé* (Gálatas 6:10). Querida amiga, procure formas de abençoar as pessoas. Humilhe-se em oração ao buscar formas para servir. Passe adiante o brilho da glória de Deus ao produzir bondade (Gálatas 5:22).

Senhor, a bondade é uma das facetas do fruto do Espírito. Ajuda-me a colher uma grande safra dessa lavoura na minha vida. Sei que isso me beneficiará, mas também tocará outras vidas com um gostinho do céu. Obrigada por tua bondade. Amém.

Momentos a sós com o Pai

Uma mulher de foco

"Eu vou dizer não. Esse projeto é maravilhoso, mas não está na mesma direção que estou indo na minha vida neste momento." Você consegue se imaginar dizendo isso? Quando você tem a percepção do chamado de Deus na sua vida, você fica focada. Você sabe para onde está indo, tem direção e, acredite em mim, fica bem mais fácil tomar decisões. Se você não percebe esse forte chamado, fixe sua atenção na Palavra de Deus. Peça a Deus que lhe mostre o que ele tem para você fazer. Quando ele responder, você achará muito mais fácil dizer não para as "oportunidades" que não se encaixam nas suas prioridades ou na sua restrição de tempo. Você também terá mais tempo e energia para se comprometer com as opções que são certas para você. Faça tudo valer a pena para o Senhor.

Senhor, minha oração é que eu não olhe nem para a direita nem para a esquerda ao te seguir. Não quero me distrair, até com coisas boas. Quero poupar meu tempo e minha energia para as melhores coisas para as quais tu estás me chamando. Amém.

Momentos a sós com o Pai

Um tempo empolgante com Deus!

Você pensa sobre o propósito da sua vida? Tire um tempo a sós assim que você puder. Feche a porta e gaste 60 minutos ininterruptos com Deus. Garanto que você não será a mesma depois dessa hora com o seu Senhor! Depois de louvá-lo, ore pelos objetivos dele para sua vida. Anote-os. Vê-los em preto e branco será muito motivador. Escolha na sua lista os três mais significativos para você. Classifique-os por ordem de importância. Agora, pondere a respeito desses objetivos durante os próximos dias. Tome nota de formas para poder alcançá-los, incluindo passos específicos a dar. Você descobrirá novas dimensões para sua vida e nova energia para o chamado de Deus.

Senhor, ao comprometer esse tempo contigo, por favor, concede-me teus objetivos e sonhos para o meu futuro. Quais são as boas obras que preparaste para mim? Mostra-me, Senhor. Estou disposta. Amém.

Momentos a sós com o Pai

Como se soletra "amor"?

"Eu NÃO TIVE mais tempo depois que o meu bebê nasceu" é um refrão comum. Tenha coragem, mamãe! Você está fazendo o trabalho do ministério que leva muito tempo. "Amor" se soletra:

T-E-M-P-O.

Tempo da vida toda, para ser exata. Você sabia que cinquenta por cento do desenvolvimento do caráter e da personalidade de uma criança acontece em torno dos três anos de idade? Nossos filhos precisam do nosso tempo quando estão se tornando jovens no ensino fundamental e no ensino médio. Quando nossos filhos são ainda mais velhos... adultos de fato, precisam do nosso tempo e estão prontos para serem nossos amigos. Sobre a mulher de Provérbios 31 é dito que seus filhos se levantam e a louvam. Ser mãe é um privilégio incrível! Dê para seus filhos todo o tempo e os recursos de que eles precisam para serem bem-sucedidos e se tornarem as pessoas que Deus os criou para ser.

Senhor, estou cansada... mas eu sou mãe! Renova minhas forças ao amar os preciosos presentes que me deste. Dá-me sabedoria para cuidar deles, amabilidade na minha disciplina e amor em cada minuto que estivermos juntos. Amém.

Momentos a sós com o Pai

Seja fiel

A FIDELIDADE é uma importante distinção da mulher cristã e uma qualidade que Deus está buscando (1Timóteo 3:11). Uma mulher piedosa segue em frente... não importando o que acontecer. Ela não dá desculpas, porque conclui o serviço. Ela mantém sua Palavra. Ela chega cedo e cumpre com seus compromissos. Ela não negligencia a adoração e é dedicada ao dever. Tudo isso parece duro demais para seguir? Peça a Deus que cultive a fidelidade dele na sua vida.

Agora faça um inventário rápido da sua vida. Em que áreas você é excelente? Em que áreas você precisa melhorar? Eleve seu coração e seu desejo diante de Deus, louvando-o por sua fidelidade a você e prometendo ser mais fiel a ele. É como dizem: "Você pode depender do Senhor, mas ele pode depender de você?"

Senhor, tenho tantos motivos para ser grata... e ser fiel. Vejo áreas da minha vida que te entreguei... e nelas me regozijo contigo. Mas ainda existem outras áreas... Ajuda-me a prosseguir ao crescer em ti. Amém.

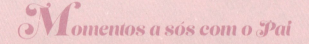

Momentos a sós com o Pai

Mais como Ele

Você já percebeu que quanto mais convive com alguém, mais se torna como aquela pessoa? Se é casada há algum tempo, perceberá que você e seu marido usam as mesmas figuras de linguagem. Vocês compartilham das mesmas opiniões e perspectivas sobre a vida. Você verá esse princípio em ação até nos seus filhos. E se você é solteira, experimenta essa mesma situação com seus amigos próximos e sua família. Isso funciona da mesma forma no que diz respeito a Deus! Quanto mais tempo você gasta lendo a Bíblia, mais se parece com ele. Você começa a pensar como Deus pensa e a fazer o que ele faria. Você deseja o que ele deseja. Ao gastar tempo com ele, sua vida assimila e reflete cada vez mais o amor e a glória dele. Tenha comunhão com Ele a cada dia e gaste tempo na sua Palavra. Você colherá recompensas tremendas!

Senhor, sei que estás sempre comigo, mas os momentos especiais que gastamos juntos me dão muito ânimo. Obrigada pela tua Palavra e pela luz que ela me dá na jornada. Amém.

Momentos a sós com o Pai

Priorizando as coisas de menor importância

Muitas pessoas têm problemas hoje em dia, porque não têm um relacionamento positivo com Deus. Elas se deixam envolver por suas lutas diárias e se esquecem de olhar para o quadro geral. Elas priorizam as coisas de menor importância. O que realmente conta na vida cristã é conhecer a Deus. Isso é fundamental.

Infelizmente, é muito comum nos concentrarmos em suprir necessidades, fornecer apoio e facilitar a comunhão em vez de promover o Deus que nos dá vida e nos ama tanto. João 3:16,17 nos lembra: *Porque Deus amou tanto o mundo, que deu o seu Filho unigênito, para que todo aquele que nele crê não pereça, mas tenha a vida eterna. Pois Deus enviou o seu Filho ao mundo, não para que julgasse o mundo, mas para que o mundo fosse salvo por meio dele.* Não se esqueça de oferecer às pessoas a solução decisiva para os problemas delas!

Senhor, ajuda-me a primeiro me voltar para ti quando eu estiver enfrentando algum problema. Obrigada porque tu sempre cuidas de mim. Faze-me lembrar com frequência que tu tens mais para minha vida que somente eu. Amém.

Momentos a sós com o Pai

Deus realmente se importa?

"Deus se esqueceu de mim há muito tempo." Querida amiga, não existe nada mais distante da verdade do que isso! Já ouvi mulheres dizerem: "Mas Deus não se importa comigo. Ele não vê como eu estou sendo tratada". Eu já disse a mim mesma: "Elizabeth, por que você simplesmente não desiste agora? Por que tentar? Por que se incomodar?" O texto de Salmos 139:14 é um maravilhoso lembrete de que *fui formado de modo tão admirável e maravilhoso*. A passagem de 2Timóteo 1:9 diz que Deus tem um grande propósito para minha vida. Paulo pergunta em Romanos 8:35: *Quem nos separará do amor de Cristo?* Querida amiga, ame a Deus com toda a sua mente. Faça-o pensando coisas verdadeiras a respeito de si mesma. Você experimentará a alegria e a esperança de estar em um relacionamento próximo com Deus através de Jesus Cristo. Só então você se enxergará como Deus a enxerga — como criação agradável dele.

Senhor, algumas vezes fico tão concentrada em mim mesma que não há espaço para me enxergar da tua perspectiva. Ajuda-me a voltar meus olhos para ti e acreditar que as coisas que dizes sobre mim são verdadeiras. Amém.

Momentos a sós com o Pai

Doce incentivo

Quero exortá-la a compartilhar sua jornada espiritual com outras mulheres. Um "grupo" a suprirá com cuidado pessoal e interesse. Compartilhar é prazeroso e inspirador. Você terá irmãs em Cristo que oram em seu favor. Vocês poderão trocar experiências. Você terá responsabilidade e, sim, até um pouco de pressão de grupo. Saiba que isso nem sempre é ruim. Francamente, isso me ajuda a realizar muitas coisas e é um doce incentivo a estimularmo-nos mutuamente ao maior amor e a maiores atos de amor. Hebreus 10:24 diz: *Pensemos em como nos estimular uns aos outros ao amor e às boas obras.* Crescer em Cristo é divertido... mas trabalhoso. Meu maior desejo para você é que você se torne uma mulher que agrada a Deus!

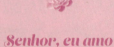

Senhor, eu amo Hebreus 3:13, que diz que devemos exortar uns aos outros todos os dias, durante o tempo que se chama "hoje". Permita que eu seja uma incentivadora para as mulheres que colocaste na minha vida. Amém.

Momentos a sós com o Pai

Como a mulher pensa...

"Você é sempre tão ranzinza." Ai! É aí que o sapato aperta, não é mesmo? Por anos fui prisioneira do meu mau humor, dos meus maus pensamentos. Conheço muito bem a capacidade assustadora que os pensamentos têm de programar nossa vida. O texto de Provérbios 23:7 está correto na sua mensagem — como imaginamos em nosso coração, assim somos. Mas, ao olhar para trás, sou levada à gratidão a Deus por sua sabedoria. Ele providenciou ajuda por meio da sua Palavra — a Bíblia. Palavras para me ajudar a desenvolver uma vida mais saudável na área dos pensamentos. Palavras para me dar eficiência e energia a fim de que me torne verdadeiramente uma mulher que reflete a alegria e a graciosidade de Deus. Em tempos de depressão e de provas, encha seu coração com o que é verdadeiro. Decida amar a Deus com toda a sua mente.

Momentos a sós com o Pai

Senhor, ensina-me com a tua verdade! Enche-me com os teus pensamentos ao ler a tua Palavra. Dá-me sabedoria para entender o que a tua Palavra quer dizer. Ajuda-me a te buscar com toda a minha mente e nunca deixar de te buscar e amar a tua Palavra. Amém.

Amando os não amáveis

É MUITO MAIS fácil amar pessoas que são graciosas e maduras, não é mesmo? Ah, é moleza amar os amáveis, mas e as pessoas que são detestáveis? Agora se apresenta um desafio. No Sermão do Monte, Jesus chocou a todos ao dizer: *Eu, porém, vos digo: Amai os vossos inimigos* [...] *porque ele faz nascer o sol sobre maus e bons e faz chover sobre justos e injustos* (Mateus 5:44,45). O amor de Deus nunca é merecido — ele simplesmente acontece! E é esse tipo de amor que eu e você devemos estender uns aos outros — mesmo se as pessoas forem rudes, indelicadas ou não amáveis. Deus lhe dará a graça e a força de que você precisa!

Deus, tu decidiste me amar independentemente das minhas faltas, falhas e pecados. Tu te agradas de mim e me diriges às boas ações que preparaste para minha vida. Quero te refletir hoje para os outros. Amém.

Momentos a sós com o Pai

Por que se preocupar?

"São 13h30, e lá vem a Linda. Hoje ela está na hora, porque eu falei que o almoço seria às 13 em ponto." Seus amigos já fizeram isso com você? Com um pouco de planejamento, eles não vão mais mexer com você. Eu me mantenho na linha fazendo uma lista de afazeres para tudo que é imaginável. Enquanto me preparo e planejo, também oro. Entrego tudo a Deus, começando por mim. Fazer isso alivia algumas das tensões do meu dia. Tenho um marcador de livro na minha Bíblia que diz assim: "Deus está pronto para assumir completa responsabilidade pela vida confiada a ele". Esse é o segredo do crescimento nele e de se tornar tudo o que você pode ser. Ao entregar minha casa, minhas posses, meu tempo para Deus, saio ganhando. Tente esse processo!

Deus, obrigada por me dares a mente para usar – para me preparar e planejar. Neste momento entrego minha mente a ti para que meus planos e preparativos para o dia de hoje mostrem que eu confio no teu cuidado por mim. Amém.

Momentos a sós com o Pai

Amor sacrificial

Amor não é uma "coisa" sobre a qual você lê nas revistas. Longe disso! Amor é algo para fazer, não somente algo para sentir. Permite que eu a encoraje. Quando eu e você nos inclinamos diante do Senhor em oração, ele nos mostra onde gostaria que amássemos de forma mais sacrificial. Ele nos lembra que devemos obedecer-lhe ao andar nos seus passos e amar uns aos outros — mesmo quando não estamos com vontade! A Bíblia diz: *O amor é paciente; o amor é benigno* (1Coríntios 13:4). Com a ajuda de Deus, podemos fazer isso. Ao olharmos para Deus para nos capacitar, façamos a oração de São Francisco de Assis: "Mestre, fazei que eu procure mais amar do que ser amado".

Pai, ajoelho-me diante de ti agora. Por favor, revela aos olhos do meu coração um pouco mais do amor que demonstraste quando entregaste teu Filho. Ajuda-me a descansar nesse amor e amar os outros da mesma forma. Amém.

Momentos a sós com o Pai

A qualidade da alegria

ALEGRIA GENUÍNA — aquela que é enraizada em Jesus Cristo — é uma expressão da piedade. Isso a surpreende? A qualidade da alegria é um sinal seguro de Deus em sua vida. Existem ainda outras grandes razões para ser alegre. Talvez estes lembretes levantem hoje seu moral. Em João 16:22, Jesus diz que ninguém tira sua alegria. Que grande notícia! E como ela é enraizada em Cristo, sua alegria está sempre disponível. É por isso que a Bíblia diz: *Alegrai-vos sempre no Senhor* (Filipenses 4:4). Seja qual for a circunstância da sua vida, você tem acesso imediato a Deus — a fonte da verdadeira alegria — a qualquer hora, em qualquer lugar.

"Alegria é a qualidade de vida que você tem quando está com alguém que o ama incondicionalmente." Senhor, fico tão feliz porque és tu! Sou feliz por estares na minha vida. Ajuda-me a lembrar disso a cada momento e a me regozijar nisso. Amém.

Momentos a sós com o Pai

Uma família projetada por Deus

Meu coração se entristece quando ouço adolescentes... ou qualquer um, para falar a verdade... dizerem que odeiam sua família. A unidade familiar foi projetada por Deus. Então como você pode melhorar seu relacionamento familiar? Uma coisa é dar a seus filhos o poderoso benefício de ver um casamento saudável. Esse é um legado que não pode ser duplicado. Mas mesmo que as coisas não estejam de forma ideal, você ainda pode abençoar e instruir seus filhos. Crie um ambiente agradável em casa vivenciando seu papel de liderança como mãe. A passagem de Colossenses 3:23 é tão poderosa: *E tudo quanto fizerdes, fazei de coração, como se fizésseis ao Senhor e não aos homens.* Anote esse versículo e olhe para ele ao começar seu dia. E não se esqueça da sua fonte mais poderosa de todas: a oração.

Pai, tu surgiste com a ideia de "família". Fizeste-me tua filha por teu amor profundo. Por favor, permite que eu tenha hoje a mesma atitude que tiveste com relação à minha própria família. Amém.

Momentos a sós com o Pai

Mantenha seus olhos abertos

EXISTE UMA porção de pessoas em necessidade à sua volta. Como você pode ajudar? Compre o dobro de alimentos e compartilhe com um casal com dificuldades, uma família de mãe solteira ou uma viúva. Esvazie sua carteira quando for levantada uma oferta para alguma causa especial. Prepare uma refeição especial para uma mulher em tratamento quimioterápico. Ou doe as roupas, em boas condições, que seus filhos não usam mais a uma família de poucos recursos e com filhos mais jovens. Pare e converse por alguns minutos com a senhora mais idosa da porta ao lado. Não é necessário muito para fazer uma grande diferença na vida de alguém. Para colher as bênçãos que vêm com o ministério da doação, você tem que manter suas orelhas em pé e agarrar as oportunidades.

Senhor, renova meus ouvidos para hoje. Dá-me olhos que não olhem para dentro dos meus próprios assuntos, mas que olhem para fora para enxergar os outros da mesma forma que os teus olhos de amor olharam para mim e viram a minha necessidade. Amém.

Momentos a sós com o Pai

Estações da vida

"Eu percebi que mamãe quase não nos dava atenção no jantar deste final de semana. Desde que papai morreu, ela nunca mais foi a mesma." Como me identifico com essa mulher! Eu mesma passei por várias estações da vida. Meu pai morreu, e minha mãe foi internada, tudo dentro de poucos meses. E, ainda durante aquele período, ganhei meus dois primeiros netos... no intervalo de um mês!

Assim como você, eu preciso das promessas de Deus para as estações pelas quais estou passando, assim como pelas que estão por vir. Não é maravilhoso saber que o cuidado de Deus nunca cessa? Que seu amor nunca acaba? Que sua direção nunca falha? Que sua presença é eterna? Absolutamente! Ele está conosco, querida amiga, em cada dia, cada situação, cada relacionamento, cada estação. Que alegria é saber que somos cuidadas por tão grande Deus.

Tu és "o Deus que está presente", Senhor. Agora eu não consigo ver o fim desta estação na minha vida, mas, porque estás aqui, posso chegar ao fim deste dia. Obrigada! Amém.

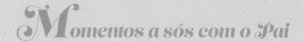

Momentos a sós com o Pai

Preparação, planejamento, prece

SEJA QUAL FOR seu desafio, tarefa, tribulação ou crise, Deus a sustentará, minha querida irmã em Cristo. Deus promete em Filipenses 4:19 que nos suprirá com o que precisamos. O maravilhoso fato é que, quando Deus nos manda fazer algo, ele também nos capacita para obedecer-lhe. Você pode descobrir essa verdade por si mesma. Saia com confiança ao passar por seu dia com o Senhor. Nenhum dia passará sem que você experimente o cuidado dele. Pense nisso como os "três Ps": preparação, planejamento e prece. Deus a ajudará a enfrentar os desafios emocionais, físicos e mentais que este dia lhe trará.

Maná, Pai. Todo dia tu fornecias essa comida, mas os filhos de Israel tinham que sair de suas tendas e juntar. Ajuda-me, Pai, a recorrer a ti para obter provisão e então sair com confiança. Amém.

Momentos a sós com o Pai

Não fique ansiosa

JESUS DISSE: *Não vos inquieteis, pois, pelo dia de amanhã; porque o dia de amanhã trará suas próprias preocupações* (Mateus 6:34). Se sua vida é incerta e repleta de dificuldades, tenha coragem! Deus não está pedindo que você lide com sua vida inteira de uma vez. Costuma ser muito mais frequente que os "e se" que você fica imaginando sobre o futuro acabem acontecendo de forma completamente diferente. Quero incentivá-la a se concentrar no hoje. Com a força e a graça de Deus, você vai conseguir. Decida se achegar ao Deus, que promete cuidar de você e que a ama de forma incondicional. Permita que hoje seja a linha divisória para seus medos e emoções. Viva a vida um dia de cada vez. Está bem, viva metade de um dia de cada vez! É disso que se trata ser um seguidor de Jesus!

"Preocupar-se é fazer mau uso da imaginação." Oh, Pai, como essas palavras se encaixam comigo! É tão frequente eu encher minha imaginação com "e se". Em vez disso, ajuda-me a continuar sendo preenchida por teu Espírito, hoje, para que eu possa andar junto de ti. Amém.

Momentos a sós com o Pai

Esqueça-se do passado

O PASSADO nos faz o que somos, mas isso não é razão para viver nele. Filipenses 3:13,14 é uma passagem de ruptura das Escrituras: *Esquecendo-me das coisas que ficaram para trás e avançando para as que estão adiante, prossigo para o alvo, pelo prêmio do chamado celestial de Deus em Cristo Jesus.* Examinar as desilusões e falhas que você experimenta a deixará cansada e deprimida, o que definitivamente é um solo fértil para a amargura. Em vez disso, abra-se para a graça de Deus, para a emoção de viver hoje. Vá mais além. Siga em frente. Esqueça-se do que passou. Olhe para seu futuro glorioso com Jesus!

Senhor, graças a ti meu passado está limpo e tratado. Meu presente é onde tu estás agora. Meu futuro é contigo e te verei como és. Isso me faz querer levantar e prosseguir! Seguir em frente! Amém.

Momentos a sós com o Pai

Perdoando os outros

ENQUANTO ESTAVA pendurado na cruz, Jesus orou: *Pai, perdoa-lhes, pois não sabem o que fazem* (Lucas 23:34). Quando falhamos em perdoar os outros, nos sentenciamos a uma vida de amargura. Helen Roseveare era uma médica missionária, que foi brutalmente estuprada enquanto servia na África. Ela perdoou os que erraram com ela e gastou mais vinte anos fazendo o serviço missionário. Outra mulher excepcional de fé, Elizabeth Elliot, perdoou os homens que selvagemente mataram seu marido que era missionário. Na verdade, ela continuou no ministério servindo às próprias pessoas que o mataram. Peça a Deus que brilhe a luz dele sobre suas trevas. Faça uma busca por qualquer amargura ou falta de perdão e entregue a ele. Você ficará feliz por fazê-lo.

Momentos a sós com o Pai

Senhor, ajuda-me a ser uma excelente perdoadora... mesmo quando for difícil. Mostra-me qualquer pessoa contra quem eu possa, mesmo sem saber, ter guardado ressentimentos. Eu perdoo assim como me perdoaste de forma tão misericordiosa. Amém.

Atividade incansável

Sem propósito na sua vida — sem objetivos que lhe deem energia para ser tudo o que Deus quer que você seja —, você somente "conta os dias". É isso o que você quer realmente? Torne-se uma mulher de atividade incansável. A graça de Deus impedirá que você seja uma mulher sem fôlego, irritada, esgotada. Eu amo a promessa de Isaías 40:31: *Mas os que esperam no Senhor renovarão suas forças; subirão com asas como águias; correrão e não se cansarão; andarão e não se fatigarão.* Viver para Cristo significa seguir com propósito e entusiasmo até o fim do caminho. Deus está no controle. Descanse nele.

Senhor, obrigada pela promessa de novas forças, asas como de águia e energia para correr e não me cansar. Quando me cansar, ajuda-me a lembrar com ternura da tua provisão para toda a força que preciso para prosseguir, cheia de propósito e entusiasmo. Amém.

Falta de confiança

COMEÇAR A TOMAR os problemas nas suas próprias mãos é evidência clara de falta de confiança em Deus. Lembre-se, Deus sabe o que vai acontecer (Salmos 139:16) e ele a capacitará a lidar com isso e crescer, mesmo nas horas difíceis. Ele literalmente trabalha o bem a partir do mal. Você se lembra da história de José? Seus irmãos o venderam como escravo, mas muitos anos depois José foi capaz de ajudar sua família. Ele disse a seus irmãos que o que eles planejaram para o mal *Deus o transformou em bem, para fazer o que se vê neste dia, ou seja, conservar muita gente com vida* (Gênesis 50:20). Essa é uma verdade encontrada na Bíblia que eu já vi em ação. Confie no Senhor nas suas tribulações e observe como ele cumpre suas promessas e usa as situações para os propósitos dele.

Senhor, é difícil ser grata pelas tribulações. Mas ainda assim tu as usas para trazer mudança positiva à minha vida. Ajuda-me a ver a próxima tribulação pelos olhos da fé. Dá-me tua paz ao usares minha tribulação como oportunidade de crescimento. Amém.

Momentos a sós com o Pai

A oração matinal

COMECE SEU DIA decidindo seguir os caminhos de Deus durante o dia todo. Ore e se proponha a fazer a vontade dele em cada minuto. Sim, mesmo com aquelas ligações que você preferiria não atender, as reuniões a que você preferiria faltar, as refeições que você preferiria não preparar. Minha "oração matinal" ajuda a me manter alerta para Deus ao cuidar do meu dia. Isso me prepara para enfrentar com êxito os desafios ao longo do caminho. Saiba também que isso a ajudará a experimentar alegria e paz ao passar seu dia. Ao longo do dia, quando se sentir irritada ou sobrecarregada, converse com Deus. Você pode dizer: "Por favor, Deus, que eu reaja à tua maneira. Ajuda-me a ficar calma. Ajuda-me a saber quando falar e quando ouvir. Ajuda-me a ajudar!"

Senhor, todos os dias são muito cheios de atividades. Por favor, me ajuda a me manter focada em ti ao longo do dia. Quero enfrentar cada desafio com tua alegria e paz. Mantém-me calma no meio de cada tempestade. Amém.

Momentos a sós com o Pai

Obra-prima de Deus

SE VOCÊ FOR como eu, quer resultados imediatos! Mas a paciência e a diligência compensam. Um dia, um enorme cubo de mármore foi entregue no estúdio de Michelangelo. Ele andou ao redor dele, olhando de perto e tocando nele. De repente, pegou um cinzel e bateu na pedra, fazendo voar lascas de mármore em todas as direções. Seu aprendiz gritou mais alto que o barulho: "O que você está fazendo? Você está estragando um pedaço perfeito de mármore". Michelangelo respondeu: "Eu vejo um anjo aqui dentro e tenho de tirá-lo daí". Se essa história é verdadeira ou falsa, não interessa tanto; o princípio é monumental. Deus olha para você e diz: "Vejo alguém que me ama e quer me servir... uma mulher que posso usar para ajudar os outros. Eu tenho que tirá-la daí!" Você foi feita à imagem de Cristo, e ele quer libertá-la.

Momentos a sós com o Pai

Senhor, às vezes olho para minha vida e vejo um bloco de mármore cru. Obrigada porque com cada golpe do teu cinzel divino tu estás libertando a mulher de fé que me criaste para ser. Amém.

103

Versículos da bondade

Quero compartilhar com você dois dos meus "versículos da bondade". Salmos 84:11 diz: *O Senhor dará graça e glória; não negará bem algum aos que andam com retidão.* Tiago 1:17 revela: *Toda boa dádiva e todo dom perfeito vêm do alto.* Decore um ou os dois versículos da bondade para estar preparada quando a vida a acertar com tudo — e ela irá acertar. Deus usará esses versículos para confortá-la e fazê-la lembrar da presença dele. Isso é uma medida de segurança e torna sua fé real na sua vida diária. Faça esta oração hoje: "Deus, ajuda-me a lembrar que tu és o doador e o protetor". Considere o poder que ele tem e medite nas suas promessas. Você será abençoada.

Senhor, ajuda-me hoje a lembrar que tu és meu doador e protetor. Tu não negarás bem algum a mim. Tu não te negarás a mim... e tu és de fato a perfeita bondade. Amém.

Momentos a sós com o Pai

Confie em Deus em meio à escuridão

"Confie em Deus em meio à escuridão." Essas palavras são do amado autor A. W. Tozer. E elas são meu encorajamento para você hoje. Quero admoestá-la a não desanimar na busca por crescimento. Confiar em Deus é a sabedoria perfeita chamando-a para a fé — não importa o que acontecer. A verdade é que você pode exercitar sua vontade e sua fé em Deus de forma ávida, quando sabe que a sabedoria dele está por trás de todos os acontecimentos, até daqueles que você não entende. Se você pensar nisso, seguir a Deus e viver para ele se baseiam na confiança completa nele. Que excelente incentivo nós temos em Provérbios 16:20! *Feliz é [a] que confia no Senhor.*

Senhor, é difícil confiar em meio à escuridão. Quero acender a luz e ver de forma clara, mas tu conheces o futuro, de modo que coloco minha fé em ti. Ajuda-me a caminhar firmemente adiante, seguindo tua luz. Amém.

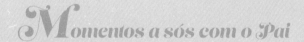

Momentos a sós com o Pai

Um coração de serva

Cole isto sobre a pia da sua cozinha, na porta da geladeira ou na sua escrivaninha: "O verdadeiro serviço é o amor com roupa de trabalho". Jesus disse que ele *não veio para ser servido, mas para servir* (Marcos 10:45). Vista essas roupas de trabalho do amor e sirva seu marido, seus filhos, seus parentes e seus amigos. Cada refeição preparada, cada peça de roupa lavada, cada quarto arrumado, cada visita, cada gesto pelos outros é amor em ação. Casada ou solteira, você pode exercitar seu coração de serva onde quer que esteja. Sempre haverá refeições para levar aos necessitados, aulas de escola dominical para ensinar e pessoas para encorajar. Peça a Deus que transforme seu coração em um coração de serva.

Senhor, cultiva dentro de mim um coração de serva. Abre meus olhos para as oportunidades de servir aos outros à minha volta. Que cada gesto para os que estão à minha volta seja feito com alegria e amor. Amém.

Momentos a sós com o Pai

Fale... mas não o tempo todo

EXISTE UM TEMPO para falar... e um tempo para silenciar. Saber quando empregar cada um normalmente é o grande desafio. Eu lutava com isso e ao longo dos anos tive que aprender — às vezes da forma mais difícil — que falar e ficar em silêncio envolve saber o tempo certo e as questões certas. Provérbios 20:18 nos lembra: *Com prudência se faz a guerra.* Como você está se saindo nessa área? Você sabe que, quando escolhe dizer algo, a forma como você fala costuma ser mais importante do que o que está dizendo? Peça a Deus que lhe mostre os momentos certos para falar e os momentos certos para ficar em silêncio. Fique bem quieta enquanto espera pela resposta dele. Espere com paciência... então siga o conselho dele.

Senhor, ajuda-me a falar com discernimento. Que as palavras da minha boca sejam escolhidas com cuidado e que eu fique alerta para aqueles momentos em que é melhor ficar em silêncio. Oro para que tu sejas glorificado em tudo que eu disser. Amém.

Momentos a sós com o Pai

Um sujeito feliz

"Como se tornar a mulher dos sonhos dele?" Quantos artigos de revista você já viu acerca dessa mensagem? Não posso garantir que você se tornará a parceira ideal para o seu marido em todas as formas, mas, se você atender aos parâmetros de Deus para o casamento, esse seu marido vai ser um sujeito feliz! Primeiro, seja uma mulher que teme ao Senhor. É aí que a verdadeira excelência é cultivada. Então ame ao Senhor e obedeça aos seus mandamentos. Permaneça inabalavelmente fiel aos seus votos de casamento. Fique feliz quando seu marido for o centro das atenções. Cultive uma lealdade intensa a ele. Fique com os pontos fracos e as falhas dele só para você. Seja uma influência emocional positiva. Honre seu marido diariamente e a vida toda. O texto de Provérbios 12:4 chama esse tipo de mulher de *virtuosa* e de *coroa do marido*.

Senhor, obrigada por me lembrares de que, quando riso cumprir teu plano para o casamento, eu me torno uma mulher mais virtuosa. Colocar-te em primeiro lugar me ajuda a dar a meu marido o derido ralor. Que eu lere a sério o que a tua Palarra me diz como esposa. Amém.

Momentos a sós com o Pai

Uma mulher prudente

PRUDENTE? Isso soa tão antiquado... mas que maravilhoso atributo para qualquer mulher ter. "Prudente" é exatamente como Provérbios 19:14 chama a esposa que vem do Senhor: *Casa e riquezas são herança dos pais, mas a mulher prudente vem do SENHOR.* Essa esposa está em uma categoria especial. Ela é uma bênção para seu marido diretamente da mão de Deus. Qualquer marido está feito na vida com uma esposa como essa. Substitua a palavra "prudente" por "disciplinada", "razoável", "prática", "agradável"... e você começará a entender a figura. Você é um dos maiores presentes de Deus para seu marido!

E você não tem que ser casada para colher as recompensas de ser uma mulher prudente. Você será abençoada... e será um deleite para todos à sua volta.

Senhor, ensina-me a ser prudente. Ajuda-me a exercitar a diligência, a sabedoria e o autocontrole em tudo o que eu fizer. Ainda que viver de forma prudente requeira trabalho da minha parte, sei que as bênçãos para mim e para os outros fazem tudo valer a pena. Amém.

Momentos a sós com o Pai

Descansando no Senhor

"Eu adoraria fazer isso por você, mas não posso acrescentar mais nada à minha rotina!" Todas nós já ouvimos ou falamos isso, ou ambos. Parece que nunca temos tempo suficiente, não é mesmo? Como você está lidando com as pressões da vida? Com paz ou pânico? Comparo nossa vida como mulher a um "furacão de hiperatividade feminina". Isso nem sempre é uma boa coisa. O fato é que, quando estamos correndo em círculos, não estamos fazendo como a Bíblia diz quando nos chama para descansar no Senhor (Salmos 37:7). Seu relacionamento com Jesus é sua primeira prioridade? Ou você está simplesmente muito ocupada para se sentar a seus pés e desfrutar de sua presença? A mulher cujo coração e cuja alma estão em repouso é aquela que abraça esta verdade das Escrituras: Nosso tempo está nas mãos de Deus.

Momentos a sós com o Pai

Senhor, obrigada pelo presente do tempo. Ajuda-me a usá-lo de forma que te agrade e glorifique. Dá-me sabedoria para saber quando deixar de lado minha agenda, me concentrar em tua condução e ajudar outros. Amém.

Mostre-me

"Eu não consigo evitar! Já sei que não vou conseguir. Então por que me dar ao trabalho?" Parece que é você quem está falando? Bem, uma forma segura de enfrentar seus medos é se equipar com o conhecimento e a segurança que vêm da Palavra de Deus — do conhecimento de suas promessas. Isso me faz lembrar a minha professora de matemática do ensino fundamental que era de Missouri, o estado americano conhecido pelo bordão "Mostre-me". Um de seus métodos de ensino era dizer: "Mostre-me!" Ela queria prova de que sabíamos do que estávamos falando. Então cultive seu conhecimento e sua fé na Palavra de Deus. Esse tipo de sabedoria e crença permite que você enfrente seus medos e mostre aos outros de onde vêm sua força e perseverança. Deus a está chamando para mudar, derrotar esses medos e compartilhar da provisão dele. Você consegue ouvi-lo? Ele está dizendo: "Mostre-me!"

Senhor, tu nunca tiveste a intenção que teus filhos vivessem com medo. É por isso que, na tua Palavra, tu fizeste promessas de força, proteção e esperança. Que eu tome tempo para esconder tuas promessas no meu coração para que não tenha mais medo. Amém.

Momentos a sós com o Pai

Sonda-me, ó Deus

"O QUE EU MAIS QUERO é colocá-lo no lugar dele!" Hummm... quais as fraquezas mais evidentes na sua vida? Quando foi a última vez que você fez esta oração de Davi encontrada no livro de Salmos: *Sonda-me, ó Deus, e conhece o meu coração; prova-me e conhece os meus pensamentos; vê se há em mim algum caminho mau (139:23,24)*? É aí que o sapato aperta, não é mesmo? Então o que você faz? Você precisa confessar o que Deus revela a você e se submeter ao poder transformador do Espírito Santo de Deus. Isso significa viver cada momento em submissão a Deus. Agradamos a Deus com os pensamentos que escolhemos ter, as palavras que escolhemos dizer e as ações que escolhemos praticar. Deixe que Deus trabalhe em você hoje!

Pai, quero orar como Davi orou — que tu me reveles a condição do meu coração. Ajuda-me a ser sensível à tua obra transformadora dentro de mim para que cada um dos meus pensamentos, cada palavra e ação te agradem. Amém.

Momentos a sós com o Pai

Sem expectativas

Quando somos boas com alguém, automaticamente esperamos que essa pessoa seja boa conosco. Quando isso não acontece, tome cuidado! Interessantemente, Jesus disse que devemos fazer o bem, mas também disse que não devemos esperar nada em troca (Lucas 6:35). Amar sem pensar em recompensa pessoal pode ser extremamente difícil. Costumo ouvir no meu ministério: "Elizabeth, eu sirvo meu marido fielmente, mas ele não faz nada em troca". É assim que você se sente? Ou existe algum amigo a quem você está sempre ajudando sem receber nem um obrigado? A Bíblia diz: *Sede servos uns dos outros pelo amor* (Gálatas 5:13). Quando você serve a alguém, está servindo ao Senhor. Esse tipo de amor nunca busca seu próprio bem. Seu único intento é amar como Jesus amou.

Pai, que eu seja mais generosa com meu amor, não esperando nada em troca. Que a minha satisfação venha do crescimento no amor aos outros como tu os ama. E que eu nunca menospreze teu amor. Amém.

A boa notícia

"Eu acho que não aguento mais uma decepção." Ah, como eu me identifico com essa luta! A vida real é cheia de desilusões, tragédias, sofrimentos e das lutas simples de sempre. E, assim como você, eu me canso disso. Mas então me lembro da boa notícia. Deus pode nos dar a alegria de que precisamos — sempre que precisarmos. Jesus quer que nossa alegria "seja plena". É o que diz João 15:11. Quando dependemos de Deus em meio ao nosso sofrimento, encontramos o poder de que precisamos para louvá-lo, apesar da dor. Na verdade, podemos dar graças por sua bondade mesmo quando as coisas não estão tão bem! Graças à ação do Espírito de Deus em nós, podemos nos tornar mulheres que amam a Deus em qualquer circunstância.

Pai, tua Palavra torna a boa notícia excessivamente clara — eu posso ter alegria mesmo quando a vida for difícil. Ajuda-me a não ficar tão preocupada com meus problemas a ponto de perder de vista as muitas bênçãos que tu continuas a trazer sobre minha vida. Amém.

Momentos a sós com o Pai

Paciência é uma virtude

Paciência é uma virtude. Infelizmente, não uma das que sempre consigo fazer uso. Mas a Palavra de Deus diz: *Revesti-vos de um coração cheio de [...] paciência* (Colossenses 3:12). A passagem de 1Timóteo 6:11 diz: *Segue a justiça, a piedade, a fé, o amor, a constância e a mansidão.* Assim como nos cobrimos todos os dias, colocando roupas, devemos vestir nosso espírito com paciência. E aqui está a parte difícil. Quando vemos faltas nas outras pessoas ou quando ficamos aborrecidas com elas de alguma forma e queremos ser críticas e atacar, devemos empregar a paciência. Essa é uma nota importante para a harmonia em todos os relacionamentos. E creia, às vezes é preciso toda a força de Deus para me ajudar a permanecer em silêncio e não fazer nada. Você consegue se identificar com isso? É preciso a graça transformadora de Deus para que eu seja paciente em todas as situações.

Senhor, quando a "paciência" vem à tona, eu imediatamente penso "Cuidado com o que você pede!", porque é muito difícil aprender a paciência. Mas a tua Palavra diz que ter paciência é bom. É um sinal de alguém que te ama, serve e cresce em ti. Essa sou eu, Senhor! Ensina-me a paciência. Amém.

Momentos a sós com o Pai

Aparando as arestas

DEUS MANDA que sejamos gentis. Simples assim... mas isso pode ser muito difícil de implementar. Todas nós entramos em debates e temos emoções que esquentam. Sendo realista, não consigo imaginar algum lar ou escritório que não tenha momentos de diálogos tensos. Precisamos transformar nossa energia negativa no tipo de graça e gentileza que vêm de Deus. Como começamos? Amando aos outros mais que a nós mesmas. Será preciso um pouco de prática, mas com a ajuda de Deus, por meio da oração, podemos fazer isso acontecer. Quando nos importamos com alguém de forma genuína, prestamos atenção, nos envolvemos e essa pessoa se torna mais importante para nós. Você se juntará a mim em deixar que Deus suavize nosso coração e apare nossas arestas? Ele nos transformará em mulheres que conseguem ser gentis e graciosas em qualquer situação!

Pai, é muito fácil eu ficar chateada quando algo em que trabalhei não sai direito. É difícil não estar no controle o tempo todo. Na verdade, Senhor, eu não estou no controle. Tu estás! Ajuda-me a lembrar disso.

Momentos a sós com o Pai

Quando for tentada

"É GOSTOSO receber a atenção que ele me dá. Eu já não posso falar a mesma coisa do Brian. Um almoço? Não vai tirar pedaço!" Se você está viva, você é tentada. Esse é um simples fato da vida. É por isso que eu e você precisamos do autocontrole de Deus a cada minuto do dia. Precisamos da ajuda dele para resistir aos nossos "impulsos" independentemente de quão inocentes nós gostaríamos de pensar que eles são. "Não" pode ser uma palavra dura a dizer, mas é a chave para a autodisciplina. O salmista diz: *Nunca me voltarei para a desonestidade* (Salmos 101:3). Ore sobre tudo — seu casamento, seu trabalho, suas tribulações, suas tentações. A boa notícia é que você pode clamar pelo poder de Deus. Você pode andar por seu Espírito. Você pode vencer a batalha. Isso não é maravilhoso?

Pai, sou muito grata porque tu estás na minha vida. "Eu consigo resistir a tudo, exceto à tentação" parece ser uma grande verdade. Mas em 1Coríntios 10:13 tu prometes não me dar mais do que posso suportar sem me dar uma saída. Eu te louro! Ajuda-me a fazer a minha parte. Amém.

Momentos a sós com o Pai

Conversa inocente?

PIEDADE E MALÍCIA não andam juntas. Isso é muito óbvio. Mas nós, mulheres, costumamos ser surpreendidas em comportamentos que não honram a Deus. Estou falando da fofoca. Ouvimos algo sobre alguém e passamos adiante, porque é engraçado, ou divertido, ou interessante. Gostamos de ser a fonte da informação. Mas a fofoca se traduz em calúnia e, biblicamente, "caluniador" é um termo usado em referência a pessoas como Judas Iscariotes, o homem que traiu Jesus. É também um título usado para Satanás. Essa não é uma companhia muito boa! Tiago observa: *Da mesma boca procedem bênção e maldição*. Então exorta: *Meus irmãos, isso não deve ser assim* (Tiago 3:10). Façamos de Salmos 19:14 nosso mote: *As palavras da minha boca e a meditação do meu coração sejam agradáveis na tua presença, SENHOR, minha rocha e meu redentor!*

Senhor, dá-me sabedoria para saber quando falar e quando ficar em silêncio. Quero te honrar e também ser a pessoa que constantemente anima e abençoa os outros. Mostra-me como posso compartilhar uma palavra gentil ou um encorajamento com alguém nesta semana. Amém.

Momentos a sós com o Pai

O chamado soberano de uma mulher

Sou muito abençoada por ter muitas mulheres mais velhas na minha vida. Mas eu não sabia realmente quanto era abençoada até receber uma carta de uma mulher que não tem ninguém em quem se mirar. Ninguém para lhe ensinar e mostrar o caminho para viver piedosamente. Ninguém para incentivá-la a buscar o chamado soberano de Deus. Isso é triste, não é mesmo?

Espero e quero incentivá-la a empenhar sua vida em se tornar uma das preciosas mulheres "mais velhas" no Senhor. E isso se aplica a qualquer pessoa mais jovem que você, seja um, dez ou vinte anos. Ser uma professora que transmite sabedoria e encoraja os outros é a vontade de Deus para sua vida. É um dos chamados soberanos de Deus. Compartilhe o que for excelente, o que for bom. A pessoa a quem você está discipulando será abençoada... e você também!

Pai, dá-me a confiança e o espírito sociável de que preciso para estender minha mão aos outros no teu nome para compartilhar teu amor e sabedoria. Mostra-me como falar e o que dizer. Amém.

Momentos a sós com o Pai

Faça algo especial

"Oi, querida, cheguei!... Querida, você está em casa? Cheguei..." Encare. Se você não mimar o seu marido, outra pessoa talvez o faça! Faça algo especial para o seu esposo todos os dias. Uma mulher que conheço prepara chocolate quente para o maridinho dela toda noite. Eles compartilham do delicioso chocolate e conversam. Minha filha Courtney mima o marido dela mantendo massa de *cookies* com gotas de chocolate no *freezer* para poder oferecer biscoitos quentinhos e leite toda noite quando ele chega em casa (Você está sentindo o padrão?). Eu sei que essas coisas são pequenas, mas elas passam uma mensagem clara e deliciosa: eu amo você! Ore por seu companheiro diariamente. Enumere as formas com as quais você pode mimá-lo. Seja a mulher de Provérbios 31, que possibilita que seu marido seja elevado à grandeza e, em retorno, é louvada por ele e seus filhos.

Pai, eu me prendo ao que as crianças estão fazendo, à forma como minha carreira está seguindo, ao que preciso realizar. Quero manter meus olhos nas prioridades que me deste: Tu, meu marido, minha família, meus amigos e os outros. Amém.

Momentos a sós com o Pai

Hora de reagrupar

"SE VOCÊS NÃO se acalmarem, crianças, vão ficar de castigo — para sempre!" Nunca me esquecerei da vez em que Jim e eu passamos na casa de uma das nossas filhas. Ela nos tinha dado a chave para não termos que tocar a campainha no caso de as crianças estarem dormindo. Nossa filha estava no sofá com a Bíblia no colo. Parecia que um tornado tinha passado pela casa! Acho até que reconheci um pedaço de macarrão pendurado numa luminária. Ela olhou para cima e disse: "Vocês não acreditam o que aconteceu por aqui. As crianças estavam terríveis. Eu tive que tirar uns minutos e pedir pra Deus me lembrar de quanto eu amo e queria essas crianças!"

Fiquei tão impressionada e satisfeita. Ela teve o senso de parar, deixar as coisas como estavam e buscar do Senhor paciência e espírito tranquilo. Lembre-se de fazer isso quando sua vida ficar de pernas para o ar.

Senhor, obrigada por sempre estares disponível para as pequenas e as grandes coisas. Amo poder me achegar a ti para obter conforto, força e paz. Amém.

Momentos a sós com o Pai

Entusiasmo por Jesus

SE VOCÊ FOR MÃE de crianças pequenas, esse tempo com seus filhos, ordenado por Deus, fará diferença — uma diferença tremenda — na vida deles. Ensine e treine-os. Isso é crucial e algo que você é qualificada a fazer de forma única. Fale com Deus sobre eles. Realize a batalha espiritual em nome deles. O mundo está roubando o coração dos nossos filhos, derrubando e afastando-os de Deus. Então tire tempo para ficar com eles. Compartilhe a Bíblia — as crianças amam ouvir histórias de heróis e pessoas que amam a Deus. Conte-lhes sobre Jesus... sobre como ele as ama e veio para ajudá-las. Ensine seus filhos e filhas a orar. E se esforce ao máximo — com a ajuda do Senhor — para ser um modelo de piedade. O presente mais valioso que você pode dar para sua família é um bom exemplo.

Pai, ajuda-me a mostrar meu entusiasmo por ti a meu marido e meus filhos. Quero atraí-los por meio da alegria que tenho em ti... para acender no coração deles um anseio por te amar e adorar. Amém.

Momentos a sós com o Pai

Sabedoria e entendimento

"Eu gostaria de me sentir melhor em voltar a trabalhar. Nós precisamos do dinheiro, é verdade, mas eu simplesmente não me sinto bem com isso." Sabedoria e entendimento podem ser encontrados no livro bíblico de Provérbios. A sabedoria pesa todas as opções e então toma a decisão certa: se eu voltar a trabalhar em tempo integral, o que acontecerá com o meu casamento, os meus filhos, a vida da minha família, o meu envolvimento com a igreja? Se eu gastar nosso dinheiro com isto, o que vai acontecer no mês que vem? Se eu deixar de disciplinar meus filhos agora, o que virá depois? Se eu desperdiçar meu tempo hoje, o que acontecerá com as minhas metas? Se eu assistir ou ler isso, como a minha vida espiritual será impactada? Tomar decisões baseada nas ramificações futuras é uma disciplina que necessita de esforço. Mas a recompensa é uma vida mais satisfatória, cheia de sabedoria e amor.

Senhor, dá-me um coração que possa discernir os caminhos certos a seguir, as decisões certas a tomar, as opções certas a fazer. Obrigada por me dares tua Palavra como guia perfeito. Amém.

Momentos a sós com o Pai

Conhecer a Deus

"Se ao menos eu pudesse ter certeza de que Deus sabe o que está se passando, quem sabe assim eu ficaria mais tranquila." Permita que eu a tranquilize de que Deus sabe o que está se passando! Quando você conhece seu Pai celestial e confia na Palavra dele, pode levar uma vida que o glorifica e honra. Conheça a Deus mais intimamente, gastando tempo na sua Palavra e falando com ele. E conforme você cresce para amar a Deus de forma mais completa — tanto com sua mente quanto com seu coração —, pode declarar com o apóstolo Paulo: *Ó profundidade da riqueza, da sabedoria e do conhecimento de Deus! Quão insondáveis são os seus juízos, e quão inescrutáveis, os seus caminhos!* (Romanos 11:33). Quanto mais você percebe quanto Deus a ama, mais fácil se torna conhecer, seguir e aceitar a vontade dele para sua vida.

Pai, abre meu coração e minha mente para as verdades da tua Palavra. Tranquiliza-me com o fato de estares no comando e me amares. Obrigada por tudo que fazes por mim. Amém.

Momentos a sós com o Pai

Deus sabe e se importa

"Deus... o Senhor está aí? O Senhor conhece as minhas feridas, meus sonhos e as minhas desilusões? O Senhor está me ouvindo?" Se essa é sua oração hoje, descanse no entendimento de que Deus está ouvindo. *E esta é a confiança que temos nele: se pedirmos alguma coisa segundo sua vontade, ele nos ouve. Se sabemos que nos ouve em tudo o que pedimos, sabemos que já alcançamos o que lhe temos pedido* (1João 5:14,15).

Deus conhece suas feridas, seus desejos e suas necessidades. Ele entende você. A maravilhosa notícia é que você nunca tem que dizer a Deus: "Mas o Senhor não entende". Você pode confiar que, quando ninguém mais souber, ele sabe. Você não está carregando seus fardos sozinha! Pela graça de Deus, aceite cada acontecimento da sua vida sabendo que está nas mãos de um Deus infinitamente sábio que a ama como só ele pode amar.

Pai, é tão maravilhoso saber que tu me oures. Eu sempre tenho a quem recorrer — alguém que me ama totalmente. Obrigada! Amém.

Momentos a sós com o Pai

137

Aceitação e obediência

VOCÊ SE LEMBRA da sua mãe dizendo: "Eu sei que você não entende, mas confie em mim: isso é bom para você"? Ainda que isso fosse frustrante de ouvir, normalmente era verdade. Nós não vamos sempre entender por que as coisas são como são nesta vida. Os jornais e a TV estão cheios de reportagens sobre tragédias, dor e sofrimento além do nosso entendimento. E, quando constantemente importunamos Deus, ficamos frustradas e exaustas. É como Deus diz: *Porque os meus pensamentos não são os vossos pensamentos, nem os vossos caminhos são os meus caminhos* (Isaías 55:8,9).

Isso significa que nunca podemos questionar Deus? Não. Mas, colocado de forma simples, precisamos confiar nele e obedecer-lhe. Podemos descansar no fato de que nosso Pai celeste possui sabedoria e entendimento perfeitos independentemente de quanto a vida nos pareça misteriosa. Aceitar — sem respostas — é uma forma de amar a Deus completamente.

Pai, gosto de saber o que está acontecendo. Quero ver agora qual o bem que me trarás. Mas normalmente esse não é o teu plano. Ajuda-me a confiar em ti e estar segura de que estás presente e te envolves com as coisas aqui da terra. Amém.

Momentos a sós com o Pai

Escolhas por menos

VOCÊ CONHECE alguém que costumava ser muito envolvida na vida da igreja ou nas atividades cristãs, mas que agora raramente participa? Isso a descreve? De alguma forma, em algum momento, por alguma razão, Deus tomou um lugar secundário. E qualquer uma de nós pode deixar isso acontecer quando escolhemos por "menos". Menos tempo na Palavra de Deus e na oração. Menos tempo servindo. Menos tempo com amigos cristãos. No âmago do nosso coração, precisamos ser apaixonadas por Deus e sua Palavra. Quando falhamos em desenvolver e manter esse foco proposital e voluntariamente, começamos a gastar nosso tempo e nossos dias preciosos em atividades de menor importância. E isso pode nos desviar para fora do caminho do propósito de Deus para nossa vida.

Quero encorajá-la a fazer todo o necessário para reconquistar sua paixão! Mergulhe na Palavra de Deus. Descubra a vontade dele novamente em sua vida. Louve-o!

Pai, renova meu espírito. Enche-me com teu amor. Faze-me lembrar de tudo que fizeste por mim. Fortalece meu desejo e compromisso para te amar, adorar e servir. Amém.

Momentos a sós com o Pai

A mulher ocupada

"Eu já tentei! Mas ler a Bíblia e orar todo dia é simplesmente impossível com a minha agenda." Eu já disse isso... e acho que você também consegue se identificar com essas palavras. Encontrei algumas peças-chave que me ajudam a manter a disciplina do estudo da Bíblia e da oração. Talvez elas a ajudem também.

Não deixe de estudar um dia sequer. A Palavra de Deus está no coração de toda mulher que ama a Deus... até das mulheres ocupadas. Peça a Deus que abra seus olhos e seu coração para as verdades dele (Salmos 119:18). Preste contas de si mesma a amigas cristãs ou encontre uma parceira diligente de oração. Levante cedo antes que todos requisitem o seu tempo. Alguma coisa é melhor que nada, mas sempre almeje mais!

Eu posso fazer isso, Senhor. Posso dedicar algum tempo para aprender mais de ti todos os dias. Afasta as distrações de mim. Mostra-me formas de me isolar para poder me concentrar completamente em ti. Amém.

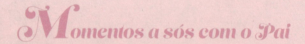

Momentos a sós com o Pai

As primeiras coisas em primeiro lugar

Um livro que você não consegue parar de ler. Você já ouviu essa expressão sobre livros que as pessoas estão recomendando muito? Existem muitos livros por aí... alguns ruins, alguns bons e alguns melhores. Tenha como regra ler o que honra os padrões de Deus e o glorifica. E, se você só tem tempo para ler um livro, escolha a Bíblia. Mesmo que você tenha tempo para ler a contento do seu coração, faça da Palavra de Deus o primeiro livro que você lê todo dia. Não se dedique a jornal, meditação ou romance algum até que tenha lido a Bíblia. Seja uma mulher do "livro"! Não importa quanto você é ocupada, existem algumas coisas que valem a pena ser encaixadas na sua agenda lotada. Ao pensar sobre as "as primeiras coisas em primeiro lugar", torne a Palavra de Deus uma prioridade.

Pai do céu, amo ler a tua Palavra. Dá um impulso para o meu cérebro, hoje, e me ajuda a memorizar a tua Palavra. Quero tê-la comigo... e sempre à mão. Amém.

Momentos a sós com o Pai

143

Provar e ver

Um dos meus livros favoritos da Bíblia é 2Timóteo. Ele é curto, mas intenso! Essa carta do apóstolo Paulo é um chamado direto, franco e linha dura para Timóteo viver uma vida disciplinada, dura de roer. Por quê? Para que Timóteo pudesse glorificar a Deus com sua vida. Eu e você também queremos isso, não é mesmo? Essa é a única forma de podermos enfrentar com sucesso as tribulações da vida. Tudo o que Deus quer dizer para você está na Bíblia — do coração de Deus para o seu. As Escrituras são sopradas por Deus e inspiradas por ele (2Timóteo 3:16). Na passagem de Salmos 34:8, você é convidada a provar e ver *que o Senhor é bom*. Esse é um convite que você não pode recusar! Saboreie e honre o conselho do Senhor.

Pai, obrigada por te certificares de que eu tenha acesso à tua sabedoria e direção. Abre meus olhos e coração para que eu possa discernir a tua sabedoria. Amém.

Momentos a sós com o Pai

Prosseguir

"Eu já perdi o mesmo peso quinze vezes. Sei que consigo fazer de novo. Por favor, passe a batata frita!" Soa familiar? Como pessoa que segue a Cristo, nossa vida não deveria se firmar em falsos começos, dietas da moda e lampejos de disciplina. Talvez seja porque eu era professora de inglês, mas presto muita atenção aos verbos — aquelas palavras maravilhosas de ação. Verbos como progredir, alcançar, prosseguir, perseverar, correr estão liberalmente salpicados ao longo do Antigo Testamento. E todas eles estão em versículos que apontam para o gerenciamento da nossa vida em Cristo. A vida cristã não é uma corrida de curta distância ou um surto. É bem o oposto. A Bíblia nos encoraja a abraçar o gerenciamento da nossa vida como uma maratona. Nossa dedicação e nosso serviço a Deus devem ser caracterizados por um ritmo longo, constante e firme de seguir em frente e avante na direção de se tornar mais como Cristo e estender nossa mão com seu evangelho salvador.

Momentos a sós com o Pai

Pai, garante que haja estações de parada ao longo do meu caminho para que eu possa ser renovada e revigorada no teu amor. Quero ficar firme e forte ao te honrar e servir. Amém.

Cultivando seu casamento

Cultivar um casamento e nutrir uma amizade que dure a vida toda requer trabalho — às vezes, trabalho duro. É preciso compromisso, determinação, tempo e sacrifício. Depois do seu relacionamento com Deus, seu casamento é seu empreendimento mais urgente e exigente.

Se você é casada, vá mais alto e mais além do chamado no que diz respeito ao gerenciamento do seu casamento. É isso mesmo. Eu disse "gerenciamento do seu casamento". Devemos ajudar nosso marido. O texto de Efésios 5:22 diz que devemos seguir a liderança de nosso marido e nos submeter a ele. Para o que mais somos chamadas? Para respeitar nosso marido. E amá-lo. Eu não consigo pensar em metas para um relacionamento melhores do que essas! A respeito do seu marido, quero que você seja capaz de dizer sinceramente com entusiasmo: *Assim é o meu amado, assim é o meu amigo* (Cântico dos Cânticos 5:16).

Pai, dá-me uma atitude graciosa e de serva no meu relacionamento com meu marido. Ajuda-me a fazer vistas grossas para os aborrecimentos insignificantes e me concentrar nos pontos positivos de ser casada com ele. Amém.

Momentos a sós com o Pai

Nutra seu casamento

Lembra-se de quanta diversão você tinha quando você e seu marido estavam namorando? E assim que se casaram? Estou certa de que vocês fizeram muitas coisas espontâneas e levemente loucas que faziam brotar seu amor e seu sorriso. Para muitas mulheres, uma porção de atividades menos importantes substituiu esses momentos especiais. O que aconteceria se você recuperasse muito daquele tempo, esforço e energia no amor pelo seu marido?

O mundo quer nublar sua visão de quanto o casamento é importante... e do que significa ser casada. Mantenha a perspectiva de Deus diante de você a todo momento. Não permita que ninguém lhe venda a ideia de que qualquer coisa — que não o Senhor — é mais importante que nutrir de forma ativa seu relacionamento com seu marido. Deus quer que sua vida e seu casamento sejam cheios de paixão e propósito.

Pai do céu, guarda o meu casamento. Protege e faz crescer o amor que tenho por meu marido... e o amor que ele tem por mim. Cuida de nós e nos abençoa. Amém.

Momentos a sós com o Pai

Edifique sua casa

PROVÉRBIOS 14:1 diz: *Toda mulher sábia edifica sua casa.* Isso significa em qualquer lugar e independentemente do seu tamanho. Tanto faz se sua casa é um mostruário de revista, um apartamento ou uma tenda — mantenha-a limpa e arrumada. Gaste sua energia edificando e melhorando seu lar. Faça dele um lugar onde Deus é honrado e glorificado. Crie um abrigo seguro para sua família. Quando um lar é edificado com sabedoria, os cômodos ficam cheios de riquezas preciosas e agradáveis (Provérbios 24:4). E não se esqueça da atitude! Domine as tarefas que se apresentam. Enfrente-as com entusiasmo. Receba com alegria a mão de obra necessária para criar um lar de amor. Essa é a nossa atribuição. Assuma-a de bom grado, com paixão e propósito.

Pai, meu lar é um lugar de descanso e segurança para mim e a minha família. Abençoa-o com teu amor. Faze-me lembrar de tempos em tempos que o amor que temos e a segurança que sentimos em casa estão realmente enraizados em ti. Amém.

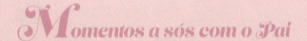

Momentos a sós com o Pai

Só o suficiente

SEMPRE QUE falo sobre contentamento, compartilho uma oração especial. Os ingredientes pedem o "suficiente": saúde suficiente para fazer do trabalho um prazer. Riqueza suficiente para suprir minhas necessidades. Força suficiente para lutar contra minhas dificuldades. Graça suficiente para confessar meus pecados e abandoná-los. Paciência suficiente para continuar assim até que algum bem tenha sido realizado. Caridade suficiente para ver algo de bom no meu vizinho. Amor suficiente para ser útil e prestativa aos outros. Fé suficiente para tornar reais as coisas de Deus. E esperança suficiente para remover todas as ansiedades e preocupação sobre o futuro.

O contentamento não se baseia nas circunstâncias do presente. O contentamento se baseia na pessoa de Deus. Ele é tudo de que você precisa!

Jesus, tu supres as minhas necessidades. Mantém minha mente nas minhas prioridades e guarda o meu coração de querer mais do que preciso. Dá-me um espírito generoso para que eu possa compartilhar com os outros o que me deste. Amém.

Momentos a sós com o Pai

Faça um jejum

Tenho uma sugestão para você: faça um jejum. Não, eu não estou falando de comida. Estou falando de parar com todos os gastos desnecessários. E essa ideia não é somente para quem tem problemas financeiros. Estipule passar um mês sem compras frívolas. Um jejum financeiro fará maravilhas por você. Conheço uma mulher que economizou o suficiente para as férias somente cortando suas paradas para tomar um café especial toda manhã. Além desse benefício óbvio, ser prudente financeiramente será como respirar fundo o ar fresco. É purificador! Você ganhará uma apreciação renovada de todas as coisas com as quais Deus a tem abençoado. Você também descobrirá novas forças para enfrentar e lidar com outras partes da sua vida. Você nunca estará completamente comprometida com Deus até que seu dinheiro seja dedicado a ele.

As finanças podem ser uma área sensível, Senhor. Existem tantas bugigangas, roupas e coisas para comprar. Mas tu és a minha maior prioridade. E estender minha mão financeiramente aos outros em teu nome está no topo da minha lista de "afazeres". Meus recursos são teus. Mostra-me como tu queres que eu os use. Amém.

Momentos a sós com o Pai

Parceiras de ministério

"Isso soa interessante, mas é que eu não sou uma pessoa que gosta de fazer parte de comissões. Isso consome muito tempo, e eu já estou muito ocupada." Soa familiar? É impossível falar o número de vezes que mulheres disseram a mesma coisa para mim. E também houve vezes em que eu disse isso para outras. Mas confie em mim — servir é uma bênção! Quando você e mais alguém ministram juntas, uma amizade profunda normalmente acaba nascendo. Vocês podem estar servindo em alguma comissão, organizando um evento, ou qualquer outra coisa; e um laço forte será estabelecido. Que bênção! As amizades baseadas no serviço a Deus, na oração em conjunto, no estudo da Palavra de Deus são gratificantes demais. Uma vez que você sente o gosto de uma amizade formada com uma parceira de ministério, desejará esse elemento em todas as suas amizades. Como realmente deveria ser. Parceiras de alma e parceiras de ministério. Esse é um dos melhores aspectos de servir a Deus!

Jesus, abre meus olhos para as pessoas à minha volta. Guia-me até alguém com quem eu possa me relacionar e ser honesta. Usa nossa amizade para suprir nossas necessidades... e ajudar os outros. As amizades são um delicioso efeito colateral do ministério. Amém.

Momentos a sós com o Pai

Nisso pensai

DEUS TEM requisitos para sua vida de pensamentos. Confira Filipenses 4:8: *Tudo o que é verdadeiro [...] honesto [...] justo [...] puro [...] nisso pensai.* Então, quando você ouvir alguma "novidade" ou deparar com alguma informação, faça estas perguntas importantes a você mesma: isso é verdadeiro? Isso é apenas um rumor ou uma suspeita? Seria nobre compartilhar? Isso refletiria meus princípios cristãos? Isso é fajuto, barato, abaixo da minha dignidade como mulher de Deus? Considere novamente as palavras "verdadeiro, honesto, justo, puro, amável, de boa fama, há virtude e louvor". Fale-as bem alto. Permita que a bondade delas passe por sua mente e alma. Não importa com o que você se deparar, escolha pensar nas coisas que falam o melhor a respeito de você, de Deus e dos outros.

Pai, mantém meu coração e minha mente puros. Quero que os meus pensamentos te agradem e quero que as palavras que eles provocam sejam de encorajamento, edificação e demonstração do teu amor aos outros. Amém.

Momentos a sós com o Pai

Amor com cookies

NADA ANIMA mais o coração da minha mãe do que ter dois ou três pequeninos comendo *cookie*s com gotas de chocolate na minha casa. Como humanos, temos tão pouco controle sobre a maior parte dos eventos da nossa vida, mas nós temos certa influência para estabelecer a atmosfera do nosso lar. Isso inclui encher a casa com o maravilhoso aroma de *cookie*s com gotas de chocolate assando no forno... só esperando que aquelas pequenas mãos os peguem. O que está debaixo do seu teto reflete seu amor por sua família e amigos. Valorize e gerencie-o como um lugar para amar sua família. Se você está se sentindo sufocada pelas tarefas de casa e a manutenção, tenha coragem. Criar um lar é algo que se faz um passo de cada vez, um dia de cada vez — um *cookie* de cada vez! Comece hoje.

Momentos a sós com o Pai

Pai, como eu gosto de criar momentos felizes para os meus filhos e os amigos deles. Mostra-me como posso tornar minha casa ainda mais confortável para que as pessoas se sintam bem-vindas e seguras no momento em que entrarem pela porta. Amém.

Um coração de oração

Eu me lembro de forma muito clara do meu aniversário de dez anos de vida espiritual. Ajoelhada diante de Deus, eu estava me regozijando em uma década de ser filha dele. Embalada pela gratidão, elevei meu coração e orei: "Senhor, o que tu vês que falta na minha vida cristã?" Deus respondeu imediatamente focando minha mente na minha vida de oração. Naquele aniversário de vida espiritual, peguei um livro de páginas em branco que eu tinha ganhado de presente e escrevi: "Faço o propósito de gastar os próximos dez anos desenvolvendo uma vida significativa de oração". Fiquei surpresa com as bênçãos que floresceram no meu coração. O hino de Johnson Oatman Jr. diz: "Conta as bênçãos, dize quantas são, hás de ver surpreso quanto Deus já fez". Que doce música para a alma!

Pai, hoje eu te louro. Ouve minha voz e meu coração ao elevá-los a ti em adoração e ação de graças. Tu és tão misericordioso... gracioso... generoso. Fico extasiada com o que fazes e como de forma deliberada te envolves na minha vida. Amém.

Momentos a sós com o Pai

Consulte a Palavra de Deus

"Eu simplesmente não sei o que fazer. E se eu fizer a escolha errada?" Todas nós fazemos essa pergunta de vez em quando. Como podemos saber a vontade de Deus? Tomar a decisão certa? Na verdade, nosso primeiro pensamento deveria ser: "O que a Palavra de Deus diz sobre essa situação, essa escolha?" Sempre consulte a Palavra de Deus. O texto de Atos 17:10,11 diz que os cristãos em Bereia examinavam as Escrituras diariamente para descobrir a verdade. Lembre-se também de orar sobre sua situação. E quanto orar? Quanto for necessário para saber a vontade de Deus! Não tenha pressa. Muito poucas situações pedem uma tomada de decisão imediata. Consulte a Palavra de Deus e espere nele em oração. Salmos 33:11 diz: *O plano do Senhor permanece para sempre, e os intuitos do seu coração, por todas as gerações.*

Pai do céu, tu cuidas das minhas necessidades de forma tão maravilhosa. Deste-me tua Palavra para eu estudar e estás disponível a mim por meio da oração. Tu és tremendo! Amém.

Momentos a sós com o Pai

Amizades levam tempo

"Eu já estou naquela igreja há aproximadamente um ano e ainda não conheço uma pessoa que poderia chamar de amiga." Isso é muito triste. Todas nós precisamos de amigas... amigas casuais, amigas próximas, melhores amigas. Todo santo dia, muitas pessoas cruzam seu caminho. Não tenha medo de estender sua mão, de incluí-las nas suas atividades. Pense nelas como amigas enviadas por Deus. Considere-as parte do propósito para seu dia. Talvez elas precisem de um sorriso de encorajamento. Para outras, um toque, um abraço ou uma palavra gentil as atrairá. Talvez você possa chamar alguém para cumprimentar com animação. Ao administrar seu tempo e sua vida — todos os seus projetos e prioridades —, inclua tempo para as pessoas... para o bem delas e de você mesma. Seja amiga de todas... mas também cultive várias amigas próximas.

Jesus, obrigada pelas pessoas que trouxeste para dentro da minha vida. Ajuda-me a dar apoio de forma graciosa quando elas precisarem. Que eu as encoraje com teu amor e sabedoria. Se tu sabes de alguém que precisa de uma amiga, coloque-a no meu caminho! Amém.

Momentos a sós com o Pai

Clame a Deus

Você conhece pessoas que não gostam de você? Alguém já disse algo negativo sobre você, a descartou ou deixou de fora? Tente ler Salmos para obter conforto. Você ficará maravilhada com quanto da poesia se centraliza nas desavenças de Davi com seus inimigos. Ele se lamenta para Deus, questionando por quanto tempo ainda eles arruinarão sua reputação (Salmos 4:2).

Os inimigos parecem ser um fato da vida, mas não devemos odiá-los ou ter medo nem sequer brigar com eles. Devemos clamar a Deus. Nesse caso, devemos orar por nossos inimigos... e orar sobre eles. A boa notícia é que seus adversários nunca alcançarão vitória. Deus a está protegendo (Números 14:9) e promete vingá-la se necessário (Deuteronômio 32:35). Ninguém pode frustrar os planos de Deus ou a proteção e vitória prometidas por ele para sua vida.

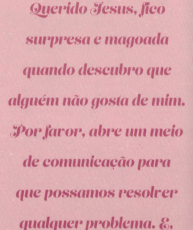

Querido Jesus, fico surpresa e magoada quando descubro que alguém não gosta de mim. Por favor, abre um meio de comunicação para que possamos resolver qualquer problema. E, caso isso não aconteça, obrigada por me protegeres. Amém.

Momentos a sós com o Pai

Um espírito manso e tranquilo

Quando sugiro o conceito de um espírito manso e tranquilo, normalmente deparo com frases como: "Você está de brincadeira! Eu não posso ser assim!" Isso é verdade... a menos que você tenha os dois grandes capacitores de Deus — graça e paz — para ajudá-la. Deus a agraciou com esses dons, dando-lhe a segurança de que você pode viver dessa forma. Salmos 34:8 diz: *Provai e vede que o Senhor é bom. Bem-aventurado quem nele se refugia!* Ao "vestir-se" do espírito manso e tranquilo de Deus, ao confiar nele em vez de em seus próprios esforços e emoções, você experimentará a bondade do Senhor.

Jesus, tu queres que eu tenha um espírito manso e tranquilo em meio ao caos que me rodeia? Está bem. Quero me sentar contigo agora. Abre meu coração e inunda-me com tua paz. Amém.

Sofrimento

O SOFRIMENTO é um triste fato da vida na terra. Como eu gostaria que isso não fosse verdade. Jesus disse: *No mundo tereis tribulações* (João 16:33). Mas é maravilhoso que ele tenha seguido em frente e acrescentado que não deveríamos desanimar porque ele venceu o mundo, não é mesmo? Você pode até experimentar uma grande alegria nas suas tribulações ao ansiar por experimentar uma grande glória com Jesus. Eu não estou subestimando o sofrimento. É algo doloroso e árduo. Mas, pela graça de Deus, você pode recorrer ao Senhor. Ele sabe o que é sofrer: *Porque não temos um sumo sacerdote que não possa compadecer-se das nossas fraquezas, mas alguém que, à nossa semelhança, foi tentado em todas as coisas, porém sem pecado* (Hebreus 4:15). Então se volte hoje para Jesus. Receba seu amor. Aceite seu consolo. Experimente sua glória.

Senhor Jesus, a vida é uma mistura muito intrigante de alegria e tristeza, prazer e dor. Quando vier o sofrimento faze-me lembrar que tu és a minha força e o meu libertador. Amém.

Momentos a sós com o Pai

Um coração humilde

VOCÊ ESTÁ ORANDO a respeito de alguma situação... mas parece que Deus não está fazendo nada a respeito? Fique segura de que Deus está sempre trabalhando! Ele está dirigindo o curso dos eventos para ocasionar sua vontade perfeita... no tempo perfeito dele. Essa é a parte difícil, não é mesmo? O tempo de Deus! Nunca é demais dizer: leia sua Bíblia regularmente! A Palavra de Deus a ajudará a entender a vontade dele para sua vida. Ore regularmente. A oração ajuda a alinhar sua vontade com a vontade de Deus. Adore regularmente. Momentos de tranquilidade diante de Deus permitem que ele lhe ensine. Sirva aos outros regularmente. Sua família em primeiro lugar... e então todos que cruzarem seu caminho. Esses eventos "regulares" na sua vida a manterão dependente de Deus e confiante na vontade dele para sua vida. Venha diante dele com humildade, sabendo que ele é o único Deus e que ele a ama.

Pai, tu és um Deus tremendo que me protege em tudo. Nada acontece que tu não saibas. Vou pacientemente esperar em ti pelas respostas para minhas orações. Confio em ti. Amém.

Momentos a sós com o Pai

O Senhor proverá

Você sabia que um dos nomes de Deus é Yahweh-Jiré, que quer dizer "o Senhor proverá" (Gênesis 22:14)? Essa é uma promessa poderosa e com a qual você pode contar todos os dias, em todo o tempo. Quando você se sentir sobrecarregada por causa de algo que lhe pediram para fazer, ou algo que está se passando na sua vida, e simplesmente não souber como resolver, lembre-se — e creia: "o Senhor proverá". Talvez você tenha que substituir seu senso comum e sua razão pela fé no Senhor, mas apegue-se às promessas dele. A fé florescerá. O que "se vê" será substituído pelo que "não se vê". Declare seu maior desafio e então dê um passo de obediência e fé para ver as bênçãos graciosas de Deus. "O Senhor proverá!"

Senhor Jesus, preciso que tu me sustentes de tantas formas. Obrigada de antemão por sempre me protegeres e à minha família e por atenderes a todas as nossas necessidades. Amém.

Momentos a sós com o Pai

O amor é muito importante para Deus

VOCÊ NÃO PRECISA ler muito da Bíblia para perceber que o amor é muito importante para Deus. A Palavra de Deus (Mateus 5:44; João 13:34) ordena amar uns aos outros — nosso marido, nossos filhos, nosso vizinho, até nosso inimigo. Quando Deus enviou seu Filho, Jesus Cristo, como oferta pelo nosso pecado, o modelo de amor ficou estabelecido para sempre. Não há como ser mais claro que João 15:12: *O meu mandamento é este: Amai-vos uns aos outros, assim como eu vos amei.* O amor dele deu, serviu e morreu por nós. Que tal pedir que Deus a preencha com esse tipo de amor? O amor exemplificado pelo nosso Salvador? Esteja preparada para uma transformação incrível!

Senhor Jesus, tu nos deste o exemplo perfeito de amor. Confio que tu me ajudarás a demonstrar teu amor às pessoas ao meu redor enquanto continuas me transformando à tua imagem. Amém.

Momentos a sós com o Pai

Aprendendo a adaptar-se

"Eu me sinto completamente desvalorizada. É fácil falar: 'Sirva a seu marido', mas e a parte dele?" Costumo ouvir isso de esposas o tempo todo... da mesma forma que já ouvi do meu próprio coração. Então o que fazer? Apesar de estar na contramão da visão do mundo, Deus nos diz para tratarmos nosso marido como se Jesus estivesse diante de nós. Um pouco difícil de engolir? Efésios 5:22 diz: *Mulheres, cada uma de vós seja submissa [ou aprenda a adaptar-se] ao marido, assim como ao Senhor.* Deus está nos chamando para um amor e um serviço que não buscam o próprio bem. Nosso intento é amar como Jesus amou... e orar pelos outros — inclusive o nosso marido! — como resposta à mensagem do amor de Deus por meio de nós.

Senhor Jesus, uma porção de coisas estará errada na minha vida, mas ainda assim morreste por mim. Que eu siga teu exemplo e ame meu marido, ainda que ele não seja sempre perfeito ou receptivo. Amém.

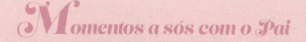

Momentos a sós com o Pai

Seja grata por todas as coisas

Quando a vida está boa, é fácil que o louvor e ações de graças fluam do nosso lábio. Mas, quando a vida fica difícil, é uma história completamente diferente. Ainda assim, a Bíblia diz: *Sede gratos por todas as coisas* (1Tessalonicenses 5:18). Todas as coisas? Temo que sim. Pense nisso desta forma: Quando você preferiria ficar encalhada na sua depressão, mas decide olhar para além da sua dor para ver ou confiar no propósito de Deus, isso é sacrifício de louvor.

O mais frequente é que no meio das trevas das minhas tribulações eu encontre a alegria de Deus ampliada na minha vida. Pense em um lindo diamante exposto na frente de um fundo preto. A escuridão faz a pedra brilhar ainda mais. Que bela ilustração do que Cristo faz por nós.

Jesus, sempre que eu colocar meu foco nos meus problemas, ajuda-me a rê-los como oportunidade para fazeres coisas maravilhosas. E obrigada por usares cada situação para me tornar mais parecida contigo. Amém.

Momentos a sós com o Pai

Alguém que a puxe para cima

Descobri que existem três tipos de conhecidos na vida: os que puxam você para baixo, aqueles que a empurram para a frente e aqueles que a puxam para cima. O tipo de amiga que você quer é a que a empurra para a frente de forma espiritual. Alguma moça que esteja avançando no mesmo entusiasmo em Cristo que você. Ainda melhor, é uma amiga que a puxa para cima! Alguém que esteja um (ou dois!) passos à sua frente. Alguém que a inspire e esteja disposta a discipulá-la para crescer mais. Peça a Deus por esse tipo de prática de prestar contas a alguém na sua vida. Então faça sua parte sendo esse tipo de amiga para ela e para os outros. Compartilhar de uma paixão diária pela Palavra de Deus é um laço incrível!

Jesus, tu me abençoaste com amigas tão maravilhosas. Obrigada por me ensinares por meio delas. Ajuda-me a encorajá-las a te buscar e confiar em ti todo dia. Amém.

Momentos a sós com o Pai

A amizade dá

AMIGAS VERDADEIRAS não ficam contando os pontos marcados. Você já disse: "A família Oliveira vem jantar aqui hoje. Só queria saber por que ela ainda não nos convidou para ir à sua casa"?. Aqui vai uma questão ainda mais sensível: amigas verdadeiras não fazem drama quando se esquecem do seu aniversário. Quais são os outros atributos das amigas verdadeiras? Elas não se preocupam se não dão retorno à sua ligação de imediato. Elas não têm que se sentar sempre juntas. Elas não ficam chateadas se você gastar tempo com outra pessoa. Elas entendem que você faz parte de outros grupos.

Amigas verdadeiras se alegram com você. Elas a respeitam e apreciam. A amizade não dá nem pede pagamento.

Você é uma amiga verdadeira?

Senhor Jesus, oro para que tua graça repouse sobre mim a fim de que eu possa amar e apoiar minhas amigas sem esperar ser recompensada. Ajuda-me a amar de forma sacrificial e experimentar a alegria verdadeira de servir aos outros da mesma forma que tu fizeste. Amém.

Momentos a sós com o Pai

O templo de Deus

"Ei! Dá um tempo! O corpo é meu, e faço com ele o que eu bem quiser!" A única coisa errada com essa afirmação é que ela está totalmente errada. Assim como incorreta e equivocada. Não está nem perto de estar certa. Qual é a verdade? Deus é o dono do seu corpo e ele o chama de "templo". Leia você mesma em 1Coríntios 6:19. Ele também tem algumas poucas regras que você deveria seguir. *Fuja da imoralidade sexual* (1Coríntios 6:18). A passagem de 1João 2:15 diz: *Não ameis o mundo nem o que nele há. Se alguém ama o mundo, o amor do Pai não está nele.* Afaste-se de toda forma de mal (Provérbios 4:14). A parte maravilhosa é que seu corpo, alma e espírito foram "comprados" por Jesus Cristo quando ele sofreu na cruz por seus pecados. Mantenha seu corpo santo!

Momentos a sós com o Pai

Senhor Jesus, por favor, ajuda-me a lembrar que meu corpo foi criado por ti e que sou meramente um mordomo dele. Decido hoje cuidar do meu corpo com comida saudável, sono, descanso e exercício. Amém.

Simplesmente diga não

DIGA NÃO. Tente: não. Da próxima vez que você quiser mais de alguma comida tentadora, diga não. Quando quiser desligar o despertador e voltar a dormir, diga não. Se você estiver trabalhando em um projeto importante e alguma amiga ligar e disser: "Vamos almoçar juntas", o que você diz? Não. Vivenciar o plano de Deus para sua vida exige que você diga não de vez em quando. Em Mateus 16:24, Jesus não diz: "Satisfaça-se". Ele diz: "Negue-se". Você é chamada para se disciplinar — seu corpo, seu tempo, seu espírito. As Escrituras chamam esta vida de corrida... então entre na corrida. Corra a corrida. Permaneça no curso e corra para vencer!

Senhor, quero dizer sim a ti e às coisas que me chamas para fazer. Obrigada pela graça quando eu não digo "não" como eu deveria e pelas oportunidades para me redimir desses momentos em que me concentrei somente no que eu queria. Amém.

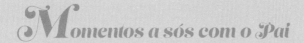

Dando um gás na oração

"Eu oraria mais, mas, francamente, não sei muito bem como fazer mais isso." Eu costumava dizer isso. Se você pudesse ver meu escritório, perceberia imediatamente que existe uma prateleira inteira de livros sobre a oração. Eu os leio, porque me ensinam a orar.

Amo de forma especial o livro *As orações de Susanna Wesley*. Ela nutria tanta paixão por Deus e pela oração. Se já existiu um ideal de mulher segundo o coração de Deus, foi Susanna Wesley. E, falando em mulher ocupada, ela tinha 19 filhos! (Xi... lá se vai aquela desculpa!) De vez em quando dou um gás na oração, fazendo uma de suas orações revigorantes. De alguma forma, seu derramamento sincero aquece meu coração e solta minha língua... e a paixão de Susanna pela oração se torna a minha também.

Jesus, tirar tempo para falar contigo é uma das minhas coisas favoritas a fazer. Mas eu normalmente permito que outros deveres e compromissos me afastem de um tempo habitual de oração. Proponho-me a ter como prioridade máxima o falar contigo. Depois disso haverá tempo para todo o resto. Amém.

Momentos a sós com o Pai

Simplifique sua vida

Está na hora de simplificar sua vida? Um *expert* em administração disse que uma rotina "é, por definição, aquilo que torna as pessoas não qualificadas [...] capazes de fazer o que antes era necessário ser quase um gênio para fazer". É incrível quanto a simples disciplina de manter uma programação a ajudará a realizar. Olhe com atenção para a vida de Jesus. Ele nunca parecia ter pressa. Ele nunca era precipitado ou ficava esbaforido. Ele não tinha pressa, porque sua agenda era baseada nas prioridades de Deus para a vida dele. João 5:36 diz: *As obras que o Pai me concedeu realizar, essas mesmas obras que realizo, dão testemunho de que o Pai me enviou.* Olhe para sua vida bem de perto, escreva um plano e siga-o.

Senhor, almejo te honrar com cada hora da minha vida. Decido entregar meu tempo a ti. Esta é mais uma área de mordomia cristã, e eu quero ser uma boa administradora. Oro por sabedoria ao planejar cada hora de todos os dias. Amém.

Ore por seu marido

Mateus 6:21 diz: *Porque onde estiver teu tesouro, aí estará também teu coração.* Uma das melhores coisas que você pode fazer para incrementar seu casamento é ser uma mulher que ora por seu marido. Você descobrirá que algo maravilhoso acontece quando você gasta seu tempo precioso orando por seu marido e seu casamento. Seu comprometimento com a sua união será mais renovado e revigorado com isso do que com incontáveis noites de namoro. Quando o "tesouro" do seu tempo e esforço é gasto em oração, seu coração se torna consumido pelo objeto de sua devoção — seu marido, nesse caso. A oração fará maravilhas por você e seu cônjuge.

Jesus, protege meu marido. Esteja com ele nos momentos de tensão e preocupação. Conforta-o quando ele ficar ansioso por causa de qualquer área da sua vida. Ajuda-me a ser sensível às necessidades dele e ser uma bênção para ele todos os anos da nossa vida juntos. Amém.

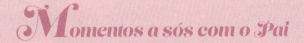

Momentos a sós com o Pai

Sendo a pessoa certa

CASAMENTO é muito mais do que encontrar a pessoa certa. Você também precisa ser a pessoa certa. Gênesis 2:18 diz que seu papel é ser ajudadora do seu marido. Compreendo que essa não é uma mensagem popular na cultura de hoje, mas é o que Deus diz. Uma mulher que tem Jesus como exemplo segue sua liderança e serve. Agora, é bom que seu cônjuge a ajude, mas não se prenda à expectativa disso, ou pior, de se ressentir se tal não acontecer. Ser serva do seu marido não tem a ver com ser menos que ele. Tem a ver com ser mais... mais parecida com Jesus. Vá em frente e sonde o terreno. Confie no Senhor. Faça que o seu marido seja a pessoa mais importante da sua vida.

Senhor, oro para que meu marido saiba quanto eu o amo, não somente com as minhas palavras, mas também com os meus atos. Quero ser ajudadora, torcedora e amante dele. Quero ser confidente dele em todas as áreas da vida. Amém.

Momentos a sós com o Pai

Uma fé forte

Você trabalha em um ambiente não cristão? Você já ouviu seus companheiros de trabalho e amigos dizerem que os cristãos são radicais de direita? Se você ainda não se pronunciou, talvez hoje precise ser esse dia. Mas onde conseguir forças para isso? Dois segredos para isso são uma fé forte e confiança em Deus. Os cristãos que combatem pela fé devem ler a Palavra de Deus regularmente. Eles devem estar bem fundamentados na verdade de Deus para defender sua fé e responder a perguntas razoáveis que os não crentes possam fazer.

Não hesite em pedir que Deus lhe dê a direção dele na sua situação. Leia biografias de crentes corajosos que lutaram pelo Senhor, para obter inspiração e saber como fazer as coisas. Consiga apoio de oração. E, quando falar, fale com gentileza. Fale sua parte e deixe os outros falarem. Não entre em discussões (2Timóteo 2:24-26). Deus abençoará suas palavras e as usará... se não naquele momento, com certeza mais tarde.

Momentos a sós com o Pai

Pai, por favor, dá-me teu modo de agir gracioso e direto quando eu ouvir pessoas falando mal dos cristãos. Permite que eu fale a verdade em amor... e deixe a condenação e o convencimento para ti. Amém.

A tarefa mais difícil na vida

TROCAR FRALDAS, limpar coisas derramadas, ficar de pé a noite toda com um filho doente. Não é exatamente isso que imaginamos quando pensamos em ser piedosos. Mas aguente firme! Suas recompensas por cuidar até mesmo das tarefas mais banais são grandes. Ser uma mãe piedosa causa impacto para toda a eternidade! Criar seus filhos é a tarefa mais difícil na vida, mas também é a mais gratificante. Sou mãe há mais de quarenta anos e agora sou avó de oito lindos netos. Que privilégio e alegria esses seres humanos maravilhosos trazem para a minha vida! Mas devo dizer que fico feliz porque aqueles dias de "fraldas e coisas derramadas" terminaram! Quero incentivá-la a colocar na maternidade toda a paixão e o propósito que ela merece. Nenhuma outra jornada poderia ter tanta aventura e nenhuma estrada é mais honrável.

Jesus, obrigada pelo privilégio de ser mãe. Ajuda-me a nunca menosprezar esse papel precioso. Alguns dias eu fico esgotada, mas tu renovas a minha alma para que eu possa continuar a doar-me aos pequenos na minha vida. Amém.

Momentos a sós com o Pai

Gerenciando um lar

Você sabia que gerenciar o seu lar é uma questão espiritual? Sim, você leu corretamente. Amo o que a autora Elizabeth Elliot disse: "Uma vida bagunçada denuncia uma fé bagunçada". Somos cuidadosas com a nossa fé... cuidadosas em nos aplicar ao nosso crescimento espiritual, cuidadosas em obedecer à Palavra de Deus e cuidadosas em manter as disciplinas espirituais da oração, adoração e caridade. Então por que não deveríamos também ser cuidadosas com a forma como gerenciamos o nosso lar? Tito 2:5 diz que devemos ser eficientes no cuidado do lar. Isso não é uma humilhação. Longe disso! Criar um lugar seguro e confortável para seu marido, filhos e você é um privilégio e uma realização significativa.

Senhor, reconheço minha posição única no meu lar. Sou responsável por muito da beleza, alegria e paz que a minha família experimenta. Obrigada por me dares uma família para amar e um lar para cuidar. Ajuda-me a amar e cuidar deles de forma diligente com o melhor das minhas habilidades. Amém.

Momentos a sós com o Pai

Deus atende a todas as suas necessidades

QUERIDA AMIGA, você está preocupada? Você fica se perguntando de onde virá o dinheiro para pagar o aluguel ou a prestação do carro, se terá comida suficiente, como vai pagar as suas contas? Se você está assim hoje, eu sei exatamente como você se sente. É assustador. Da próxima vez que você for tentada a pensar que Deus não está atendendo a todas as suas necessidades... ou que não está atendendo muito bem, lembre-se: ele está, ainda que pareça que não está. Empregue a sua fé. A fé é definida em Hebreus 11:1 como *a garantia do que se espera e a prova do que não se vê*. Como mulher de Deus, sua fé pode ser vivenciada na sua segurança confiante de que Deus está no controle. Você crê que Deus suprirá todas as suas necessidades? Qual a resposta? Com absoluta certeza!

Senhor, escolho ser uma mulher de fé. Tu nunca me abandonaste. Tu nunca me deixaste só. Tu és inteiramente confiável, e eu te louvo por suprires tudo que eu realmente preciso. Amém.

Momentos a sós com o Pai

Viciada em compras

VOCÊ AMA fazer compras? Comprar coisas está quase no topo da sua lista de prioridades? Aqui vai um novo conceito para você: orar em vez de gastar. Não estou brincando. Faça uma lista de coisas que você acha que precisa. Olhe a lista com frequência e acrescente algo quando necessário. Então ore a respeito de cada item todos os dias. Ore a fim de ter paciência para esperar que Deus atenda às suas necessidades reais. Peça a Deus que a ajude a discernir se você deve adquirir algum item em particular. Ao fazê-lo, você será abençoada de três formas específicas:

Você desfrutará de vitória sobre a tentação.

Você se absterá de dívidas futuras.

O melhor de tudo, Deus é glorificado quando você confia nele para suas necessidades.

Leve o que Provérbios 22:7 diz a sério: *O que toma emprestado é servo do que empresta.* Para mim, isso faz sentido.

Senhor, orar a respeito das coisas em vez de comprá-las parece uma grande ideia. Posso ver como isso poderia mudar a minha vida. Prometo começar hoje. Ajuda-me ser fiel nisso. Amém.

Momentos a sós com o Pai

Seu melhor amigo

A VIDA SERIA bem mais simples se não existissem tantas pessoas, não é mesmo? Todas nós temos que administrar nossa vida de forma que as prioridades de Deus estejam no topo da nossa lista. Se você é casada, seu esposo deve ser sua maior preocupação (depois de Deus, é claro). Ele deve ser o maior investimento do seu tempo e energia. Tito 2:4 diz para amar seu marido como seu melhor amigo, um irmão estimado em Cristo, um companheiro íntimo. Se não é isso o que você tem experimentado, peça a Deus que trabalhe primeiro no seu coração. Peça que ele a ajude a querer ser companheira e amiga do seu marido. Então reorganize sua vida de forma que haja mais tempo para ele. Reacenda sua amizade. Você ficará feliz por fazê-lo.

Senhor, eu nem sempre penso no meu marido como meu melhor amigo. Lembro-me dos dias em que éramos mais próximos do que agora. Anseio por aquele tempo e vejo que precisarei mudar minhas prioridades para que isso aconteça novamente. Confio que tu me fornecerás o encorajamento de que precisarei ao longo do caminho. Amém.

Momentos a sós com o Pai

Sua força propulsora

Depois de Deus, a força da sua vida como esposa e mãe se centraliza no seu marido, seus filhos e seus netos. Quais serão os resultados da sua vida no longo prazo? Quando eu morrer, não quero deixar um legado de filiação de clubes, passeios com as amigas ou até de empreendimentos de negócios bem-sucedidos. Quero deixar para trás pessoas que influenciei para o Senhor. Quero que elas tenham um amor profundo e duradouro por Deus, relacionamentos fortes com suas famílias e amigos, bom caráter e que saibam que são amadas.

O que você quer deixar? A passagem de 1Coríntios 13:8 diz: *O amor jamais é vencido. O amor tudo sofre e é benigno, tudo suporta, tudo espera e tudo crê* (v. 4-7). Faça que esse tipo de amor seja sua força propulsora. Coisas maravilhosas acontecerão!

Momentos a sós com o Pai

Senhor, tudo se resume às prioridades. Algumas das minhas são boas. Penso que estás feliz com elas. Mas muitas delas poderiam ser melhores. Ajuda-me a escolher o melhor acima do bom e ver as coisas maravilhosas que queres fazer através de mim. Amém.

Amando seus sogros

Honra teu pai e tua mãe (Êxodo 20:12). Isso inclui seus sogros? E se sua sogra for insistente, crítica e difícil? E se seu sogro a colocar para baixo o tempo todo? Bem, a versão completa de Êxodo 20:12 diz: *Honra teu pai e tua mãe, para que tenhas vida longa na terra que o Senhor teu Deus te dá*. Assunto muito sério, não é mesmo?

Como mulher de Deus, você deve cultivar seu relacionamento com seus pais. E, se você é casada, a mesma atenção precisa ser dada aos pais do seu marido. Construir relacionamentos sólidos e amáveis com eles não é opcional. Quero incentivá-la a ter uma atitude positiva... mesmo quando for duro. Confie em Deus para obter graça, amor e os recursos de que precisa para conviver bem com todos — inclusive seus pais e sogros.

Senhor, creio que tens uma bênção para mim se eu honrar meus pais e os pais do meu marido. Ajuda-me a manter meu temperamento sob controle e não deixar que pequenas feridas cresçam e se tornem em amarguras. Quero amá-los como tu os ama. Amém.

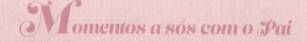

Momentos a sós com o Pai

Uma palavra doce

TODAS NÓS temos encontros "por acaso"... mas eu e você sabemos que não existe tal coisa. Deus marca esses encontros. Quando eles ocorrem, podemos ter apenas poucos segundos para decidir o que fazer ou dizer. Esteja preparada! Tenha palavras de encorajamento e apreciação de prontidão. Quando cruzar com alguém, pergunte a si mesma: "O que posso oferecer a esta pessoa? Uma palavra de incentivo? Um ouvido atento? Um toque reconfortante? Um grande sorriso e um oi caloroso?"

Há pessoas em toda a nossa volta — família, amigos e estranhos. Quem sabe o que está se passando na vida delas? Quem sabe que tristeza, dificuldade, dor, tribulação? Você considera suas palavras e ações nesses breves encontros como ministério? Deus pode usá-la para oferecer às pessoas as únicas palavras doces que receberão hoje... ou o único abraço amistoso.

Senhor, tu tens me dado tanto. Ajuda-me a abraçar cada pessoa que eu encontrar hoje, seja com um abraço físico, seja simplesmente com olhos de amor ou uma palavra gentil. Que eu seja generosa com teu amor. Amém.

Momentos a sós com o Pai

Os detalhes

As AMIZADES são coisas maravilhosas, não é mesmo? E normalmente são os detalhes que fazem uma enorme diferença. Como fico feliz quando alguém me comunica que está orando por mim. Uma amiga me enviou um "anjo da oração", um pequeno anjo ajoelhado para colocar na minha escrivaninha. Todo dia, quando olho para ele, sou lembrada de que ela está orando por mim. Essa é uma amiga afetuosa! Recebi um bilhete que incluía uma citação de Hebreus 6:10: *Porque Deus não é injusto para se esquecer do vosso trabalho e do amor que mostrastes para com o seu nome, pois servistes os santos...* como eu, ela acrescentou.

Seja essa pessoa especial na vida de alguém. Quem você pode encorajar hoje?

Jesus, que privilégio é encorajar os outros. Ajuda-me a pensar em alguém hoje que seria abençoada de forma especial com minhas palavras. Dá-me palavras para falar que vão ao encontro dessa pessoa exatamente no seu ponto de necessidade. Amém.

Momentos a sós com o Pai

Tomando decisões sábias

NENHUM SEGUNDO se passa sem que eu e você estejamos tomando decisões. Ao ouvir alguém falar — e a palavra-chave é "ouvir" —, você precisa decidir com cuidado como responder. Quando existe uma crise e você tem que tomar uma decisão rápida, seja tão cuidadosa quanto possível. Tenho uma ideia. Quando houver momentos de tranquilidade inesperados na sua vida tumultuada, faça bom uso desse tempo. Considere suas prioridades e seus valores. Avalie se eles estão corretos ou precisam de algum ajuste. Quando você tem um entendimento claro do que crê e por que, tomar decisões se torna mais fácil e existe menos potencial para cometer grandes erros.

Deus, revela meus motivos hoje. Ajuda-me a sondar minhas convicções reais – aquelas que eu coloco em prática na minha vida diária. Quero que tu conformes essas convicções aos teus desejos. Amém.

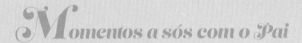

Momentos a sós com o Pai

Em tempos difíceis...

É PENOSO ser grata quando tudo está errado. Todas nós já passamos por isso. Mas a gratidão em todas as situações é uma qualidade incrível ao nosso alcance, porque amamos a Deus. Tenha coragem durante os momentos de dificuldade. Deus conhece suas alegrias e tristezas. Ele conhece seus pontos fortes e suas fraquezas, as do seu marido também, e as necessidades dos seus filhos. Ele está ciente de todos os desafios que você enfrenta. Ele conhece a sua dor se você acabou de perder seu emprego. Se você é solteira e tem o desejo de se casar. Se seus sogros estão lhe dando nos nervos. Deus não faz vista grossa a nada. Nada escapa dele. Ele, em sua sabedoria, está sempre trabalhando em direção aos perfeitos objetivos dele para sua vida. Ele age com precisão. Isso, sim, é motivo para agradecer, querida amiga!

Nesta confusão e dificuldade, Deus, é fácil esquecer que estás aqui e que te importas. Sei que tens controle de todas as coisas. Agora, Senhor, ajuda-me a tornar esse conhecimento em realidade na minha vida hoje. Amém.

Momentos a sós com o Pai

Seja intencional

"Planejar o meu dia? Com os compromissos e as agendas malucas do meu marido e das crianças? Você deve estar brincando!" Goste você ou não, nós temos que escolher o que fazer e o que não fazer. Tenho uma amiga que sempre encaixa mais um projeto, mais um evento, mais um encargo. Ela está sempre atrasada e sempre exausta. Estabelecer prioridades fará seu dia e sua vida correrem de forma muito mais suave.

Então planeje sua vida de acordo com as prioridades de Deus. Agende seu dia de forma que Deus seja glorificado e as pessoas que fazem parte da sua vida sejam abençoadas. Existe beleza — e sanidade! — em ser organizada. Isso leva tempo e esforço, mas vale a pena. E, ainda que você faça seus planos, às vezes Deus tem em mente algo diferente... então seja flexível e vá para o "Plano B" quando necessário.

Pai, confesso meu orgulho em me descuidar no planejamento. Alguns dias eu penso que consigo fazer tudo! Ou tentei controlar tudo e deu errado, mas não quero admitir isso para ti. Hoje quero que a minha vida reflita tua ordem e tua beleza. Amém.

Momentos a sós com o Pai

Você é dotada por Deus

Alguém já lhe pediu para fazer algo que nunca tinha feito? Talvez tenham lhe pedido para dirigir um estudo bíblico, ser voluntária em algum local sem fins lucrativos, ou planejar um retiro. Diga sim! Você é mais dotada do que pensa. Quero incentivá-la e desafiá-la a se arriscar e fazer algo diferente. Use os dons que Deus lhe deu. Primeira Pedro 4:10 diz: *Servi uns aos outros conforme o dom que cada um recebeu, como bons administradores da multiforme graça de Deus.* Houve um momento em que eu tive que dar um passo e assumir o risco de algo novo para atender ao chamado de Deus na minha vida. Ao revelar-me meus dons e como usá-los, ele me deu força e graça para o ministério que tenho hoje. Que dons Deus lhe concedeu? Use-os para ele!

Deus, obrigada por me concederes dons que me permitem servir-te e estender minha mão aos outros. Ofereço-me a ti, hoje, para me ajudares a crescer em ti para que possas usar-me. Amém.

Momentos a sós com o Pai

Seu dom espiritual

MUITAS MULHERES me perguntam: "Eu tenho algum dom espiritual?" Minha resposta? Primeira Coríntios 12 diz:

Há diversidade de dons [...]. Mas a manifestação do Espírito é dada a cada um para benefício comum. Porque a um é dada, pelo Espírito, a palavra de sabedoria; a outro, pelo mesmo Espírito, a palavra de conhecimento. A outro, pelo mesmo Espírito, é dada a fé; a outro, pelo mesmo Espírito, dons de curar (v. 4,7-9).

Sim, você tem um dom espiritual! O que você gosta de fazer pelos outros? A atividade ou processo do seu dom traz alegria. Outro atributo de um dom espiritual é que seu serviço abençoará você e os outros. Seu dom também criará oportunidades para repetir esse serviço. O dom não acaba, apesar de poder modificar-se com o passar do tempo.

Quero olhar para mim mesma, de forma honesta, Senhor. Ajuda-me a ver o que já estou fazendo com o dom do teu Espírito para mim. Por favor, dá-me confiança para identificar e seguir em frente com esse dom. Amém.

Momentos a sós com o Pai

Seja uma torcedora

EM MINHA opinião, algumas das "piores" palavras na Bíblia são as da admoestação de Paulo à liderança da igreja em Filipos. Ele disse: *Peço [...] que as ajudes* (Filipenses 4:3)! Nenhuma das duas mulheres a quem Paulo se refere era um exemplo de maturidade cristã. Elas estavam causando problemas suficientes para Paulo entrar e pedir aos líderes da igreja que interferissem e fizessem que elas resolvessem suas diferenças.

Amigas, é necessário tempo, sacrifício, preparação e coragem para se envolver em qualquer ministério. Então sejamos incentivadoras... caminhemos ao lado das pessoas que servem. Na verdade, sejamos ainda mais radicais e tornemo-nos voluntárias para ajudá-las!

Pai, tu me dás tanto! Ajuda-me hoje a viver em gratidão a ti, sair e dar aos outros. Que eu possa lembrá-los de quanto és grande e como provês tudo de que precisamos e de quanto te alegras em nós. Amém.

Momentos a sós com o Pai

Cozinhar e limpar

NÃO EXISTE NADA que você possa fazer que Deus não possa usar. Você pode contribuir e ser parte da obra de Cristo, desde limpar até ser a preletora principal em um retiro. O que podemos fazer quando colocamos nossa mente nisso? Lucas 8:1-3 descreve um grupo de mulheres fiéis que usava seu dinheiro e seus meios para sustentar Jesus e seus discípulos em suas viagens para pregar. Marta e Maria eram duas irmãs que regularmente hospedavam Jesus e seus discípulos em sua casa para jantar e descansar (Lucas 10:38). A mãe de João Marcos promoveu um encontro de oração em sua casa (Atos 12:12). Em Romanos 16:1,2, Febe é descrita como serva em sua igreja e amparo de muitos. Que lista fascinante de mulheres! E o que elas faziam? Cozinhavam, limpavam, trabalhavam, oravam, hospedavam, davam, ajudavam. Nada que eu e você não possamos fazer!

Senhor, que eu nunca subestime os dons que me deste. Ajuda-me a ver como posso oferecer ajuda prática e operante quando necessário. Obrigada pela oportunidade de ser uma Febe dos dias modernos – um amparo a muitos. Amém.

Momentos a sós com o Pai

Observe, ouça, entre em ação

NÃO EXISTE momento melhor que o presente para notar as necessidades de outras pessoas e fazer algo a respeito delas. Sim, mesmo em seus momentos mais ocupados. Provérbios 20:12 diz: *O SENHOR fez tanto o ouvido que ouve quanto o olho que vê*. Observe e ouça as pessoas à sua volta. É exatamente isso que Deus faz na nossa vida. Ele observa, ouve e responde com terno cuidado a cada uma das nossas necessidades. Siga o exemplo de Dorcas. Ela era uma mulher que *fazia muitas boas obras e dava esmolas* (Atos 9:36). Essa atenciosa dama notou que as viúvas precisavam de roupas; então, entrou em ação e lhes fez algumas. Peça a Deus que a leve até pessoas que precisam de encorajamento, apoio e oração. Olhe ao redor e mantenha os sentidos aguçados para encontrar formas de poder ser uma ajuda efetiva.

Jesus, com certeza tu agendas compromissos divinos todos os dias para que eu possa ser usada por ti para atender a alguma necessidade. Ajuda-me a ter olhos e ouvidos para as oportunidades de falar uma palavra amável ou realizar um ato de amor. Que os outros possam ver tua bondade nas minhas mãos estendidas. Amém.

Momentos a sós com o Pai

As coisas de Deus

REMIR O TEMPO é muito importante. O que isso quer dizer? Que, se você vive da melhor maneira possível, realizando os propósitos de Deus, então está remindo o tempo. Ao alinhar sua vida e aproveitar cada oportunidade para fazer algo útil, sua existência se torna eficiente. Isso deve ser difícil de imaginar, já que você é tão ocupada, mas, quando você se concentra em fazer as coisas de Deus, seu tempo aumenta. O poema do dr. Benjamin E. Mays é uma grande verdade:

> Tenho um minuto somente.
> Sessentas segundos dentro dele
>   simplesmente...
> Apenas um diminuto minuto.
> Mas dentro dele a eternidade justamente.

Você reivindicará, recuperará, recobrará, resgatará e reconquistará os minutos, horas e dias de sua vida para a glória de Deus, conforme seu coração se tornar mais dedicado a ele.

Jesus, que precioso presente é o tempo! Por favor, mantém-me consciente da minha mordomia deste grande galardão. Ajuda-me a fazer bom uso de cada hora, percebendo que, uma vez gasta, nunca poderá ser recuperada. Amém.

Momentos a sós com o Pai

Uma resolução para hoje

Você não precisa esperar até o dia do ano-novo para tomar uma atitude quanto à sua agenda. Que tal fazê-lo hoje? Primeiro, ore a respeito das suas prioridades: "Senhor, qual é a tua vontade para mim neste momento da minha vida?" Agora planeje conforme suas prioridades e prepare uma agenda: "Senhor, quando devo fazer as coisas que cumprem estas prioridades neste dia?" Peça ao Senhor que lhe dê a direção dele para o dia: "Senhor, eu tenho um tempo muito limitado sobrando hoje. Em que preciso me concentrar?" Prepare-se para amanhã: "Senhor, como posso ser mais eficaz na realização do teu plano para minha vida?" Declare ao Senhor sua consideração por ele: "Senhor, obrigada por este dia... e pela oportunidade de falar diretamente contigo". Em seguida, vá em frente com confiança e alegria.

Senhor, minha vida é tua. Quero agradar-te em tudo que eu fizer. Preciso da tua direção, força e rigor. Eu te amo. Amém.

Momentos a sós com o Pai

Um tempo especial

QUE TAL PLANEJAR uma noite especial com sua família? Se você não é casada, reúna os amigos. Antecipe a todos uma grande notícia, especialmente se houver adolescentes envolvidos. Quando chegar o momento, preparem uma refeição divertida, saiam para jantar ou peçam uma *pizza*!

Depois, todos reunidos devem compartilhar algo divertido e significativo que fizeram nos últimos três meses. Incentive cada um a compartilhar um objetivo ou sonho... e não censure o que for dito. Os sonhos nem sempre são baseados na realidade atual. Converse sobre coisas antigas da infância das crianças, como você e seu marido foram criados, o que seus pais faziam, onde seus avós moravam. Compartilhe suas experiências de fé... e permita que os outros compartilhem as deles. Encerre esse tempo juntos, tirando o nome de cada pessoa de um chapéu e comprometendo-se a fazer duas coisas boas para ela durante a semana.

Senhor, tu me deste uma família maravilhosa e amigos sensacionais. Tenho prazer em estar com essas pessoas que tu me deste para estimar... e, especialmente, tenho prazer em ti. Amém.

Momentos a sós com o Pai

Amar é uma decisão

Amar seu marido é uma decisão diária. O amor pode começar como um sentimento bom, mas amar alguém a longo prazo é um ato de vontade. Significa amar alguém mesmo que essa pessoa não seja amável neste exato momento em particular. Espera-se que seu marido seja seu melhor amigo. Desfrute da presença dele. Faça mimos. Pense nele. Ore por ele. Encoraje-o.

Mas e se você não se sentir assim? A pergunta permanece: "Você vai amar seu marido?" Faça tudo o que puder — começando agora mesmo — para restaurar esse amor. Ore por ele. Faça pequenos gestos de bondade. Expresse seu amor de todas as formas que puder. Agindo de forma atenciosa e tendo pensamentos amáveis, você revigorará seu amor e revitalizará seu casamento. O amor está desabrochando em você, minha amiga.

Senhor, amar outra pessoa às vezes pode ser árduo. Mas através da tua graça posso amar meu esposo de forma completa. Escolho honrar e servir esse homem que chamo de marido. Ajuda-me a ser a esposa de que ele precisa. Trabalha na vida dele para que ele seja tudo que imaginaste. Amém.

Momentos a sós com o Pai

A tarefa mais difícil

CRIAR FILHOS pode ser uma batalha árdua. Sei disso por experiência! Ainda que os amemos demais, eles nem sempre são os anjos que gostaríamos que fossem. Quando não nos sentimos muito amorosas, significa que estamos sendo mães ruins? Não! Somos humanas... e Deus sabe disso. Uma mãe espiritual ama a Deus com todo o coração, com toda a alma, mente e força. E ensina seus filhos de forma apaixonada e coerente a fazerem o mesmo. Ninguém tem mais potencial para influenciar a vida espiritual dos seus filhos do que você e seu marido. Ore todos os dias por esses pequeninos e derrame a palavra de Deus sobre a vida deles. Peça a Deus que lhe dê sabedoria para mostrar a seus filhos que os ama. Em meio à alegria de criar filhos, você deparará também com o trabalho mais duro da sua vida, além de ser uma das mais soberanas vocações de Deus para nós. Aguente firme!

Pai, preciso da tua força, graça e misericórdia ao lidar com meus filhos hoje. Quero derramar sobre eles amor e apoio incondicionais. Quero abrir a mente e o coração deles para ti. Amém.

Momentos a sós com o Pai

Ore, minha amiga

"Eu oraria com mais frequência, mas não tenho mais o que dizer." É claro que consigo me identificar com essa declaração. Crescer no Senhor, na leitura e no estudo da palavra de Deus é essencial, assim como na oração. Na verdade, a oração é um dos privilégios que temos como cristãos.

A Bíblia nos chama para uma vida de oração constante, o que não é fácil. Um dos melhores incentivos para orar é que a oração nos fortalece e faz nossa tendência a pecar entrar em curto-circuito. A oração também nos dá força e sabedoria para cumprir os ensinamentos da Bíblia.

Se orar é difícil para você, separe um tempo pequeno para orar cada dia. Aumente esse tempo de forma gradual, conforme você se encaixar nessa rotina. Você pode falar com Deus sobre qualquer coisa. Nenhuma pergunta, nenhum problema, nenhuma preocupação é grande ou pequena demais para ele atender!

Senhor, acalma meu espírito ao me achegar a ti com louvor e compartilhar minhas preocupações. Dá-me coragem para falar contigo e paciência para dar ouvidos à tua resposta. Amém.

Momentos a sós com o Pai

Céu na terra

VOCÊ DESCREVERIA o que passa no seu lar como o "céu na terra"? Esta é uma expressão e tanto, não é? Céu na terra! Você sabia que seu convívio familiar deveria ser exatamente assim? A Bíblia usa o convívio familiar e o casamento como ilustrações para o relacionamento de Deus com sua igreja, o povo que escolhe segui-lo. E, quando você desempenha os papéis ordenados por Deus para você e cumpre as tarefas dadas por ele, os outros notam e veem prova do nosso relacionamento especial com o Senhor.

Você tem o privilégio de apresentar uma ilustração do que será o céu para aqueles à sua volta. Quando persegue o plano de Deus para a mulher, dona de casa, esposa e mãe, com paixão e propósito, você consolida um lar que reflete a ordem e a beleza da vida no céu. Que oportunidade maravilhosa!

Eu sou apenas um ser humano, Senhor. Como posso ter um lar e um casamento que refletem teu perfeito amor, tua perfeita paz? Quero crescer nessas áreas. Quero te revelar para os outros. Amém.

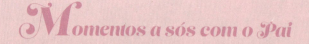

Momentos a sós com o Pai

Aquela "uma coisa"

VOCÊ JÁ DEVE ter ouvido a expressão "Mas tem uma coisa que eu faço...". Que "uma coisa" é essa na sua vida? Em Filipenses 3:13,14 o apóstolo Paulo disse que sua "uma coisa" era se *[esquecer] das coisas que ficaram para trás e [avançar] para as que estão adiante, [prosseguindo] para o alvo, pelo prêmio do chamado celestial de Deus em Cristo Jesus.* Quero encorajá-la a ser como um corredor — nunca olhar para trás na pista já percorrida, mas, em vez disso, seguir em frente de forma deliberada. De acordo com o exemplo de Paulo, devemos concentrar nossas energias em prosseguir em direção ao futuro.

Onde você tem definido seu foco? Não perca seu objetivo de vista — e mantenha os olhos, o coração e a vida fixos no final da corrida. Nós conquistamos conforme seguimos em frente... então, avance!

Momentos a sós com o Pai

Pai, obrigada por me perdoares e cuidares do meu passado... e do meu futuro! Ajuda-me a olhar para a frente para ver como posso servir-te e correr a corrida que puseste diante de mim. Amém.

Paz e alegria de Deus

VOCÊ LUTA com a depressão? Com pensamentos negativos? Deus lhe promete alegria. Não importam suas circunstâncias, você pode ter alegria nele. Filipenses 4:4 diz: *Alegrai-vos sempre no Senhor; e digo outra vez: Alegrai-vos!* Alegrar-se não é uma opção. A verdade é que o tipo de alegria de que a Bíblia fala vem frequentemente de uma vida de dor e dificuldade. Mas a paz e a alegria de Deus prevalecerão. Filipenses 4:6,7 diz: *Não andeis ansiosos por coisa alguma; pelo contrário, sejam os vossos pedidos plenamente conhecidos diante de Deus por meio de oração e súplica com ações de graças; e a paz de Deus, que ultrapassa todo entendimento, guardará o vosso coração e os vossos pensamentos em Cristo Jesus.* A paz de Deus monta guarda contra todas aquelas coisas que atacam sua mente e seu coração. Através da oração, você também experimentará a alegria que Deus dá — a alegria dele — em abundância (João 17:13,14).

Pai, tu és um Deus sensacional! Tu não somente me dás a força e a coragem de que preciso para enfrentar minhas tribulações, como também me banhas com tua alegria e tua paz ao longo do caminho. Obrigada! Amém.

Momentos a sós com o Pai

Segundo violino

UM ENTREVISTADOR perguntou ao ilustre maestro Leonard Bernstein: "Qual o instrumento mais difícil de tocar?" Ele gentilmente respondeu: "O segundo violino!" Ainda acrescentou: "E, se ninguém tocar o segundo, não existe harmonia." Precisamos estar mais do que dispostas a ser servas de Deus. Precisamos ter prazer com as oportunidades que ele nos dá para servir.

Você tem alguém com quem trabalha, com quem serve ombro a ombro? Alguma mulher que você ajuda a servir ao Senhor? O apóstolo Paulo disse a respeito de Timóteo em Filipenses 2: *Espero no Senhor Jesus em breve vos enviar Timóteo [...]. Porque não tenho nenhum outro com esse mesmo sentimento, que sinceramente cuide do vosso bem-estar* (v. 19,20). Oro para que você gaste tempo com um mentor em seu ministério, oração e estudo da Bíblia. Quero encorajá-la a amadurecer sua disposição em ser útil. Contente-se em tocar o "segundo violino".

Jesus, tu eras tão humilde e disposto a servir. Quero seguir te exemplo. Guarda-me de ser surpreendida pelo desejo de estar à frente de tudo. Ajuda-me a procurar lugares para servir e encorajar outras pessoas. Amém.

Momentos a sós com o Pai

Ore por seus filhos

ORAR POR seus filhos é a forma mais poderosa pela qual você pode cuidar deles. Na maioria das vezes, seu coração transbordará de forma natural em oração por eles. E, mesmo quando estiverem causando problemas e sua paciência estiver por um fio, uma oração rápida acalmará seus nervos e sossegará seus filhos. Você ficará maravilhada com a grande diferença que a oração pode fazer na vida dos seus pequenos. Peça a Deus que lhe mostre como deixar claro a seus filhos que, depois dele e seu marido, eles são mais importantes do que todas as outras pessoas na sua vida.

Esteja pronta para mostrar seu amor. Separe tempo todos os dias para orar pela criançada. E não se esqueça de orar por eles quando estiverem à sua volta. Isso vai lhes assegurar de que você e Deus os amam. Isso também lhes ajudará a se sentirem mais seguros e fornecerá um modelo de oração.

Orar por seus filhos é um dos melhores investimentos do seu tempo. A oração é um privilégio poderoso!

Jesus, protege essas pequenas vidas que deixaste sob meus cuidados. Ajuda-me a ser paciente, calma, amorosa e incentivadora. Abre o coração deles para ti. Amém.

Momentos a sós com o Pai

Nada me faltará

Quando será o próximo retiro da sua igreja? Quanto tempo falta até que seu grupo de estudo bíblico se reúna para ter um momento de comunhão? Você ouve ocasionalmente alguma transmissão de rádio ou faz leituras rápidas devocionais de vez em quando? É muito frequente negligenciarmos a nutrição da nossa vida espiritual nos apegando a soluções rápidas. Se seu desejo é crescer espiritualmente, você precisará gastar tempo de qualidade na palavra de Deus e mais tempo em oração.

Eu amo o Salmo 23, que assim se inicia: *O Senhor é o meu pastor; nada me faltará.* Isso me faz lembrar muito da necessidade que tenho dele. Você está seguindo o pastor? *Ele me faz deitar em pastos verdejantes; guia-me para as águas tranquilas. Renova a minha alma; guia-me pelas veredas da justiça por amor do seu nome* (v. 2,3). Você tem se deitado em pastos verdejantes como a passagem bíblica diz? Você está alimentando o seu coração a ponto de estar satisfeita com a provisão dele?

Pai, tu és o meu pastor. Quero seguir-te todos os meus dias na terra... e na eternidade. Restaura minha alma e refresca meu espírito hoje. Amém.

Momentos a sós com o Pai

Onde ele mandar

O QUE VOCÊ faria se Deus a chamasse de forma repentina para um ministério diferente? Em algum momento que tiver alguns minutos só para você, pegue um cartão e escreva estas palavras: Qualquer coisa, qualquer lugar, a qualquer hora, a qualquer custo. Em seguida, coloque a data. Você consegue assinar com toda a honestidade? O papel de Deus é nos guiar. Nossa tarefa é seguir.

Como você está se saindo? Você já olhou no rosto maravilhoso de Deus e em seus olhos de amor e sussurrou: "Sinceramente, querido Senhor, para onde me mandares, seguirei"? Essas palavras expressam o anseio profundo do seu coração? Você está seguindo o Senhor hoje? Se não, pretende segui-lo?

Deus, tu és a minha razão de viver, minha salvação, meu conforto, meu provedor, meu amado. Hoje, escolho seguir-te em cada passo do caminho. Quando o caminho ficar difícil e eu vacilar, dá-me coragem e força. Amém.

Momentos a sós com o Pai

Um lar-modelo

A MULHER de Provérbios 31 é um grande modelo de gerenciamento doméstico. Ela faz o bem a seu marido. Ela faz utensílios domésticos para sua família e para vender. Ela compra com sabedoria. Ela é muito empreendedora. Ela compra terra, planta lavouras e investe. Ela se mantém em forma. Essa mulher ajuda os necessitados. Ela é honrável, sábia e gentil. Ela anseia pelo futuro. Seu marido e filhos a louvam. Não é de admirar!

Olhe para essa mulher sensacional como inspiração. Com a ajuda de Deus, você também pode realizar muito. Ele a chama para atender ao seu lar e servir à sua família, e você o faz de tantas formas. Mas você está fazendo o melhor que pode? Quero encorajá-la a dominar novas habilidades, expressar sua criatividade e encontrar novas formas de ajudar. Mesmo que trabalhe fora, você pode tornar seu lar ainda melhor que um "lar, doce lar". Que privilégio maravilhoso!

Momentos a sós com o Pai

Pai, obrigada por me abençoares com um lar e pela família e amigos que o preenchem. Ajuda-me a ser empreendedora e entusiasmada no encorajamento e no serviço a todos que chegarem. Amém.

Louve a Deus!

Fico muito feliz que você seja amiga de Deus, porque você tem a promessa das bênçãos dele em sua vida. Em Salmos 16:11, Davi diz ao Senhor: *Tu me farás conhecer o caminho da vida; na tua presença há plenitude de alegria; à tua direita há eterno prazer.* Deus nunca faltará com você ou mudará a opinião dele a seu respeito. No terno cuidado do Senhor, você tem um abrigo na tempestade e um refúgio quando a vida jogá-la de um lado para o outro. No terno cuidado dele, você pode ter um coração generoso porque ele provê de forma abundante. Use Salmos 23:6 como afirmação do que você sabe que é verdade: *Bondade e misericórdia certamente me seguirão todos os dias da minha vida, e habitarei na casa do Senhor para todo o sempre.* Louve o seu santo nome!

Jesus, eu te louro! Tu me tens dado muitos presentes surpreendentes. Tens me sustentado e cuidado de mim de maneiras incontáveis. Tu és tão maravilhoso, tão forte, tão poderoso e eterno. E tu me amas. Que maravilha! Amém.

Momentos a sós com o Pai

Uma atitude positiva

Isso pode até surpreendê-la, mas você sabia que ter uma atitude positiva e dar graças é intencional... uma escolha que você faz? Dar graças é uma decisão consciente e também um mandamento de Deus. Sua palavra nos diz para dar graças sempre e por todas as coisas, em tudo e em todo o tempo. O texto de 1Tessalonicenses 5:16-18 diz: *Alegrai-vos sempre. Orai sem cessar. Sede gratos por todas as coisas, pois essa é a vontade de Deus em Cristo Jesus para convosco.* Está muito claro!

A decisão de fazer exatamente isto — dar graças... não importa o que for... em qualquer situação — tem um efeito poderoso sobre sua atitude. Não somente isso, mas também tem um imenso impacto sobre todos à sua volta. Filipenses 4:7 diz que *a paz de Deus, que ultrapassa todo entendimento* está disponível para você e para mim. Então, esse é um motivo para ser grata!

Momentos a sós com o Pai

Pai, mesmo que tu sempre me abençoes, ainda me prendo ao que não está indo bem e às dificuldades que enfrento. Lembra-me, com amor, que tu estás sempre comigo. Quero manter um coração grato com relação a ti. Amém.

Boas notícias!

VOCÊ CONHECE Jesus? Ele é seu Senhor e Salvador? Romanos 3:23 revela que todos nós pecamos. Todos carecemos da glória de Deus. E a pena pelo pecado é a morte... morte espiritual. A boa notícia é que Cristo morreu por você (e por mim)! Romanos 10:9 diz: *Porque, se com a tua boca confessares Jesus como Senhor, e em teu coração creres que Deus o ressuscitou dentre os mortos, serás salvo.* Por favor, aproveite esta oportunidade para entregar sua vida a Jesus. Abra-se para o amor e a verdade dele. Peça que ele entre no seu coração e fique com você para sempre. Ele está esperando por você!

Se você já conhece a Jesus, louve seu santo nome!

Jesus, eu anseio experimentar teu amor. No meu coração pecaminoso, não chego nem perto de ser como tu és. Obrigada por vires à terra e pagares o preço por meus pecados para que eu pudesse conhecer-te pessoalmente. Eu aceito teu presente gratuito da salvação. Ajuda-me a crescer cada dia em ti. Amém.

A graça de Deus

VOCÊ SABIA que o poder sustentador de Deus está contido em sua graça? A vida pode nos dar golpes duros, mas a maravilhosa graça de Deus nos capacita a seguir gradualmente em meio a todas as tribulações. A passagem de 2Coríntios 12:9 promete que a graça de Deus é suficiente — que ela se aperfeiçoa na nossa fraqueza. Isso traz encorajamento ao meu coração. Tome essa tribulação pela qual está passando e apresente-a ao Senhor. Coloque-a aos pés dele. Olhe para ele. Conte com a graça e o poder dele em toda situação. A graça está sempre ali. É oferecida a você. E traz a paz que você tanto almeja.

Que o Senhor a abençoe em sua jornada para se tornar uma mulher segundo o coração de Deus.

Pai, meu coração transborda por causa do amor e das bênçãos que tu me dás. Mesmo em meio a minhas tribulações e sofrimentos, posso ter alegria no meu coração, porque sei que estás no comando. Amém.

Momentos a sós com o Pai

ELIZABETH GEORGE

É autora de *best-sellers* e palestrante cuja paixão é ensinar a Bíblia de uma forma que transforme a vida das mulheres. Seus livros já atingiram a extraordinária cifra de mais de 9 milhões de exemplares no mundo todo. Ela é autora dos seguintes livros publicados pela Editora Hagnos:

- *Uma mulher segundo o coração de Deus* (mais de um milhão de cópias vendidas)
- *Bela aos olhos de Deus*
- *Bela aos olhos de Deus para garotas*
- *A caminhada de uma mulher com Deus*
- *Preocupação: um hábito que pode ser quebrado*
- *31 coisas que toda mulher deve saber*
- *Meditações da mulher segundo o coração de Deus*
- *Seguindo a Deus de todo o coração*
- *O poder da oração pelo casamento*
- *Educando filhas segundo o coração de Deus*
- *Uma mulher que reflete o coração de Jesus*
- *Descobrindo o caminho de Deus nas provações*
- *Mulheres que amaram a Deus*
- *Mãe segundo o coração de Deus*
- *Um casal segundo o coração de Deus*
- *Como fazer as escolhas certas*

Elizabeth também é palestrante em eventos para mulheres cristãs e ela e seu marido, Jim, são pais e avós. Estão ativos no ministério há mais de trinta anos.

Momentos a sós com o Pai

Momentos a sós com o Pai

Momentos a sós com o Pai

Momentos a sós com o Pai

Sua opinião é importante para nós.
Por gentileza, envie-nos seus comentários pelo e-mail:

editorial@hagnos.com.br

Visite nosso site:

www.hagnos.com.br